MW01173119

DOMINA TU PENSAMIENTO

UNA GUÍA PRÁCTICA PARA CONECTAR CON LA REALIDAD Y LOGRAR RESULTADOS TANGIBLES EN EL MUNDO REAL

THIBAUT MEURISSE

Traducido por
PAULA IZQUIERDO ALTAREJOS

Editado por
JUAN MANUEL GIMENEZ SIRIMARCO

© 2020 Thibaut Meurisse

Título original: *Master Your Thinking: A Practical Guide To Align Yourself With Reality And Achieve Tangible Results In The Real World*

Traducción: Paula Izquierdo Altarejos

Todos los derechos reservados. Queda prohibida la reproducción en cualquier formato de cualquier parte de este libro sin el permiso del autor.

POR QUÉ ESTE LIBRO

A lo largo de los años, me he encontrado a mucha gente con un modelo de realidad defectuoso. Me hablaban de sus objetivos y de lo entusiasmados que estaban por conseguirlos; sin embargo, al fijarme en su estrategia, podía ver claramente que carecían del conocimiento necesario para alcanzar esos objetivos. Esto se manifestaba de diferentes maneras, tales como:

- Un nivel de acción no ajustado a sus ambiciosos objetivos (es decir, acciones insuficientes),
- Una estrategia pobre,
- Una convicción ciega de que iban por el camino correcto, aunque no fuera así, y/o
- Poca disposición a escuchar otras opiniones y a reconsiderar su aproximación.

Perseguir una visión ambiciosa no tiene nada de malo. Yo mismo tengo una visión un poco loca y creo que es importante tener sueños que te inspiren en la vida. El problema surge cuando la gente se pasa meses o incluso años actuando de una forma que difícilmente les permitirá avanzar hacia su visión—generalmente sin ser conscientes de ello.

Esta es la razón por la que escribo este libro. Este libro te ayudará a pensar de manera más acertada y a diseñar y poner en práctica una estrategia efectiva para aumentar las probabilidades de alcanzar tus objetivos. La vida es demasiado corta para que desperdicies tu tiempo en cosas que no te proporcionan los resultados que buscas.

A QUIÉN VA DIRIGIDO ESTE LIBRO

Este libro te será de gran ayuda si te sientes identificado con una o más de las siguientes situaciones.

- Has estado persiguiendo un objetivo en particular durante meses o años sin lograr un progreso significativo.
- Quieres evaluar tus probabilidades de éxito para cualquier proyecto futuro.
- Te gustaría desarrollar estrategias altamente efectivas para ayudarte a lograr tus objetivos.
- Buscas alcanzar tus objetivos o sueños más rápido.

Si alguno de los puntos anteriores te resulta familiar, sigue leyendo.

INTRODUCCIÓN

¿Tienes grandes sueños, pero no parece que avances hacia ellos? ¿Te preguntas si deberías siquiera intentar perseguir esos sueños? ¿Piensas que estás engañándote a ti mismo?

Vivimos en un mundo en el que hacer ciertas cosas te proporcionará resultados positivos, mientras que hacer otras cosas no lo hará. Esta es la ley de la causa y el efecto. Por lo tanto, una de las destrezas más importantes que puedes desarrollar es la habilidad de crear un modelo de realidad preciso. En otras palabras, debes desarrollar la capacidad de entender cómo funciona la realidad para ayudarte a actuar de una manera que te permita generar los resultados que buscas.

Por desgracia, esto no es tan sencillo como puede parecer. Especialmente en el mundo actual, en el que el flujo de información que recibimos puede ser abrumador. No obstante, desarrollar un modelo de realidad apropiado es vital. Las personas que se toman en serio sus objetivos intentan mejorar continuamente su modelo de realidad. Están obsesionadas con averiguar qué funciona y con dejar ir aquello que no da resultado.

Por otro lado, las personas mediocres o sin éxito tienden a basarse en modelos de realidad defectuosos. Puesto que no logran entender cómo funciona la realidad, son incapaces de diseñar un plan de acción para lograr sus objetivos. Esto les lleva a probar todo tipo de cosas y, si ninguno de sus trucos o tácticas funciona, acaban sintiéndose desmotivados.

A lo largo de este libro descubriremos que, cuanto mejor entiendas la realidad, más equipado estarás para tomar las acciones necesarias para alcanzar los resultados que buscas. A medida que aprendas a construir modelos de realidad más efectivos, mejorarán los resultados en todas las áreas de tu vida.

En la **Parte I: Dejar ir tu pensamiento incorrecto**, descubrirás los errores de pensamiento comunes que comete la gente y aprenderás a razonar de forma más adecuada. Además, cuando desarrolles un pensamiento más preciso, serás capaz de realizar acciones efectivas que, a su vez, te ayudarán a lograr resultados tangibles.

En la **Parte II: Alinearte con la realidad**, analizaremos la importancia de alinearte con la realidad y cómo puedes conseguirlo. Entre otras cosas, aprenderás a realizar suposiciones mejores, a reunir información de forma más efectiva y a plantearte preguntas inteligentes. A medida que te alinees con la realidad, serás capaz de diseñar mejores estrategias y de implementar procesos efectivos que te proporcionarán los resultados que buscas.

Finalmente, en la **Parte III: Empoderar tu modelo de realidad**, veremos cómo lograr que tu modelo de realidad funcione para ti. Aprenderás a diseñar un entorno positivo, a desarrollar una confianza en ti mismo sólida y a expandir tu abanico de posibilidades. Y, al hacerlo, aumentarás las probabilidades de conseguir cualquier objetivo que te propongas.

Entonces, ¿estás preparado para conectar con la realidad y lograr resultados tangibles en el mundo real? Si es así, sigue leyendo.

TU GUÍA DE ACCIÓN PASO A PASO GRATUITA

Para ayudarte a desarrollar un pensamiento adecuado, he escrito una guía de acción gratuita. Asegúrate de descargarla en la siguiente URL:

http://whatispersonaldevelopment.org/dtp

Si tienes algún problema para descargar la guía de acción, escríbeme a la dirección de correo:

thibaut.meurisse@gmail.com

Te enviaré una copia tan pronto como sea posible.

También puedes utilizar la guía de acción disponible al final de este libro.

PART I

DEJAR IR EL PENSAMIENTO INCORRECTO

¿Piensas de la manera adecuada?

Es probable que no sea así.

Lo cierto es que resulta casi imposible desarrollar una visión completamente correcta del mundo o de cualquier parte del mismo. Hay demasiadas variables y demasiada información confusa como para lograrlo. Por no hablar de los diversos sesgos a los que estamos sujetos o los incontables engaños de nuestra mente.

La cuestión es que pensar de la manera adecuada es complicado. Sin embargo, es nuestra responsabilidad perfeccionar nuestro pensamiento para poder desarrollar un modelo de realidad apropiado. A su vez, esto nos ayudará a realizar acciones efectivas y a marcar la diferencia en el mundo a nuestro alrededor.

Ten en cuenta que en este libro definiremos "modelo de realidad" como la suma de todas las creencias que tenemos. Esto incluye nuestras creencias políticas y religiosas, así como lo que pensamos sobre nosotros mismos o sobre nuestras vidas, por ejemplo. Cuanto más correctas sean nuestras creencias, mejores decisiones podremos tomar—y mejores resultados obtendremos. Este es el motivo por el que pensar de la manera correcta es crítico para nuestro éxito.

En esta sección, dedicaremos un tiempo a explorar todas las formas en las que puede ser incorrecto tu pensamiento actual. Revisaremos los errores comunes que puedes cometer en tus procesos de pensamiento, tu razonamiento, veremos cómo se crean las creencias y cómo pueden engañarte tus emociones. A medida que te liberes de tu pensamiento inadecuado, desarrollarás un modelo de realidad mejor que te llevará a lograr mejores resultados.

En este libro, definiremos "pensamiento inadecuado" como aquel pensamiento que está sesgado de alguna manera, incluyendo:

- Mantener suposiciones incorrectas que no reflejan la realidad,
- Caer en sesgos cognitivos que nublan tu juicio,
- Ser víctima de patrones de pensamiento negativos comunes o
- Dejar que tu estado emocional influencie tus decisiones.

Antes de profundizar en cada uno de estos puntos, vamos a revisar algunas de las consecuencias del pensamiento inadecuado.

1

EL COSTE DEL PENSAMIENTO INCORRECTO

Dado que tus procesos de pensamiento determinan las acciones que tomas, pensar de forma inadecuada puede tener consecuencias negativas. Puede llevarte a tomar decisiones erróneas que te impidan obtener resultados óptimos. Por ejemplo, entre otras cosas, el pensamiento inadecuado puede:

- Generar sufrimiento innecesario en tu vida,
- Llevarte a desperdiciar tiempo y energía,
- Hacer que te sientas mal y
- Hacer que te sientas sobrepasado.

A. El pensamiento inadecuado genera sufrimiento innecesario en tu vida

El pensamiento erróneo puede ser la fuente de incontables dramas y crear más sufrimiento del necesario en tu vida.

En esta situación, eres víctima de diferentes sesgos o realizas juicios precipitados. Por ejemplo, tus suposiciones incorrectas pueden llevarte a malinterpretar lo que alguien ha dicho o hecho. Muchos problemas, como la falta de comunicación, son el resultado de habilidades deficientes de razonamiento y la malinterpretación.

Déjame mostrarte un ejemplo. Uno de mis amigos quería crear un evento en la plataforma *Meetup* para ayudar a la gente a conectar de una manera más personal a través de varios juegos. Se puso en contacto con una mujer que organizaba fiestas internacionales en *Meetup* para pedirle consejo. Cuando ella no respondió a su mensaje, mi amigo se preguntó si le consideraría una posible competencia.

Yo le recomendé que tuviera cuidado al realizar ese tipo de suposiciones y le sugerí que había muchas razones por las que la mujer no había contestado su mensaje. Puede que hubiera tenido problemas personales o profesionales. Quizá no había visto su mensaje. O puede que simplemente se hubiera olvidado de responderlo. Al final, resultó que había estado enferma y respondió más adelante, mostrando que no tenía nada en contra de que mi amigo hubiera contactado con ella.

La lección que puedes aprender de este ejemplo es que, en ausencia de datos concretos o información clara que las verifique, debes evitar realizar suposiciones. No obstante, en caso de que *tengas que* suponer algo, intenta pensar en la suposición más positiva que se te ocurra. Además, siempre que sea posible, realiza los pasos necesarios para verificar todas y cada una de tus suposiciones. Por ejemplo:

- En vez de asumir que a alguien no le gusta tu idea porque parece distraído durante tu presentación, pregúntale directamente. No te sientas ofendido por ello ni te inventes una película mental sin antes comprobar que tu suposición es cierta.
- En vez de presuponer que no le gustas a una persona, asegúrate de que es así sin ninguna duda.

La conclusión es que debes evitar realizar suposiciones negativas. En su lugar, pasa a la acción y busca la verdad. Al hacerlo, te librarás de muchos asuntos potencialmente negativos en tu vida.

* * *

Actividad práctica

Utilizando tu guía de acción, escribe dos o tres ejemplos de suposiciones incorrectas que puedes estar realizando en este momento o que hayas hecho en el pasado.

B. El pensamiento inadecuado te lleva a malgastar el tiempo

¿Alguna vez has dedicado mucho tiempo a hacer algo que ni siquiera era necesario hacer en primer lugar?

La gente que no dedica el suficiente tiempo a pensar bien las cosas puede caer fácilmente en esta trampa. El pensamiento incorrecto o insuficiente puede llevarte a:

1. Trabajar en tareas de poco valor o
2. Abordar tareas de una manera equivocada.

1. Trabajar en tareas de poco valor

El tiempo es uno de tus bienes más preciados. Cada segundo que malgastas se pierde para siempre. Si no piensas antes de actuar, te arriesgas a desperdiciar tu tiempo trabajando en las tareas incorrectas. ¿Estás seguro de que la tarea que vas a empezar es realmente importante o sería mejor que te enfrentaras a otra más relevante?

La realidad es que solo unas pocas de las acciones que realizas generarán la mayoría de tus resultados. El resto apenas te hará avanzar. En consecuencia, debes identificar las actividades clave en las que debes centrar tu tiempo y tu energía. Este concepto a menudo se denomina "Principio 80/20". Según este principio, el veinte por cien de tus acciones generarán el ochenta por cien de tus resultados. Por lo tanto, deberías identificar tu veinte por cien y centrarte en él, delegando o eliminando el inefectivo ochenta por cien restante. Evidentemente, esto no es una ciencia exacta. Es posible que el diez por cien de tus acciones generen el noventa por cien de tus resultados exitosos. O puede que tan solo el uno por cien de tus tareas acabe generando el cincuenta por cien o más de tus resultados finales.

La cuestión es que pensar de la forma adecuada implica identificar tus tareas clave y centrar la mayor parte de tus esfuerzos en ellas.

Consejo adicional: tus tareas clave suelen ser aquellas en las que menos te apetece trabajar y/o aquellas tareas que consumen la mayor parte de tu energía.

En la *Parte II. Alinearte con la realidad*, veremos cómo puedes crear una estrategia efectiva para asegurarte de que trabajas en las tareas adecuadas y que las abordas de la manera correcta.

2. Abordar tareas de manera incorrecta

Ahora bien, trabajar en tus tareas clave no es suficiente. También debes asegurarte de que las abordas de la forma apropiada. Para ello, antes de empezar cualquier tarea nueva, pregúntate qué puedes hacer para completarla de la manera más rápida y efectiva posible. Por ejemplo:

- ¿Podrías reutilizar o modificar una plantilla preexistente?
- ¿Podrías pedirle consejo a un amigo?
- ¿Podrías dividir la tarea en otras más pequeñas?

Dedicar unos pocos minutos a reflexionar antes de lanzarte de cabeza a un nuevo reto puede ahorrarte mucho tiempo y dolores de cabeza. Personalmente, antes de empezar un nuevo proyecto, me gusta plantearme una pregunta sencilla, aunque fundamental: ¿Quién puede ayudarme? En otras palabras, ¿quién conoce las respuestas a mis preguntas o entiende el camino a seguir para ayudarme a conseguir mi objetivo?

Lo cierto es que otras personas ya han logrado la mayor parte de lo que tú intentas conseguir. Por lo tanto, ¿para qué reinventar la rueda? ¿Para qué complicarte intentando resolver por tu cuenta cosas que podrías preguntar a otros?

A continuación, te muestro un par de ejemplo de mi vida personal.

Ejemplo 1: El año pasado, un editor ruso se ofreció a comprarme los derechos de uno de mis libros. Puesto que nunca antes había vendido mis derechos en el extranjero, no tenía claro cómo proceder. Contacté con un autor que ya había vendido sus derechos antes. Le pregunté si estaría dispuesto a revisar el contrato que me enviara el editor, a lo cual me respondió afirmativamente. No solo me proporcionó la ayuda que necesitaba, sino que además trabamos amistad. ¡Todos salimos ganando!

Ejemplo 2: Uno de mis objetivos de este año es traducir tres de mis libros al español, al francés y al alemán. Sabiendo que me costaría horas encontrar a los traductores adecuados, seguía procrastinando en este objetivo.

Entonces recordé que uno de mis amigos escritores ya había traducido su libro a otros idiomas. Así que le pregunté cómo había encontrado a sus traductores. Amablemente, me presentó a sus traductores y editores de español, francés y alemán, lo que me ahorró mucho tiempo y energía.

No me malinterpretes. No estoy diciendo que debas "utilizar" a los demás en tu propio beneficio. Yo siempre intento ayudar a los demás tanto como puedo y creo que tú también deberías hacerlo. Sin embargo, ¿por qué no pedirles a otras personas que compartan contigo lo que ya saben y devolverles el favor compartiendo aquello que tú sabes? Así os ahorraréis mucho tiempo y frustraciones innecesarias.

A continuación, te dejo unas preguntas adicionales que puedes plantearte para abordar una tarea con la máxima efectividad:

- ¿Conozco a alguien que ya haya logrado mi objetivo?
- ¿Conozco a alguien que pueda ponerme en contacto con otra persona que ya haya logrado mi objetivo?
- ¿Quién podría orientarme mejor sobre el camino a seguir para alcanzar mi objetivo?
- ¿Quién podría darme los consejos más valiosos (basados en su experiencia personal, no solo en la teoría)?
- ¿Quién podría decirme dónde buscar la información adecuada?

* * *

Actividad práctica

Fíjate en todo lo que has hecho esta semana. ¿Todas estas tareas eran absolutamente esenciales? ¿Alguna de ellas era innecesaria? Escribe tus respuestas en la guía de acción.

C. El pensamiento inadecuado te lleva a sentirte mal contigo mismo

Ya hemos visto que el pensamiento inadecuado puede llevarte a tomar acciones poco efectivas que te impiden conseguir tus objetivos. Otro efecto secundario es que, a medida que fracasas en alcanzar tus metas, empiezas a perder la confianza en ti mismo. Puedes empezar a pensar que hay algo incorrecto en ti, que quizás "no eres lo suficientemente bueno". No obstante, el problema real suele ser una falta de comprensión acerca de cómo funciona la realidad. Dicho de otra manera, puede que hayas construido modelos de realidad pobres al no conseguir:

- Reunir la información adecuada,
- Ganar la experiencia suficiente o
- Cultivar un pensamiento adecuado.

Por ejemplo, a lo mejor crees que solo con apuntarte a un curso y completar todos los ejercicios serás capaz de encontrar clientes suficientes para convertirte en *coach* a jornada completa en tres meses y abandonar por fin ese trabajo que detestas. Sin embargo, este razonamiento es poco realista. Probablemente no has tenido en cuenta varios factores. Cuando te embarques en tu tarea, puede que descubras que requiere más tiempo y esfuerzo del que habías pensado inicialmente. En ese caso, puede que te sientas desanimado y que abandones.

Si aprendes a pensar de manera más precisa y realista, empezarás a sentirte mejor contigo mismo. Te darás cuenta de que lo estás haciendo bien y te marcarás objetivos más realistas. Esto te permitirá acumular pequeñas victorias y, con el tiempo, aumentará tu confianza en ti mismo.

Por ejemplo, en vez de esperar convertirte en *coach* a jornada completa en tres meses, puedes darte dos años de plazo para que tu negocio vaya creciendo, al tiempo que te alegras por cada victoria en el camino (tu primer cliente, tus primeros 1.000 $ al mes, etc.).

Consejo adicional: Para evitar sentirte mal o desanimado, mira más allá de las historias de éxito que utilizan los publicistas. Sí, algunas personas alcanzan un gran éxito en unos pocos meses— pero son la minoría. Existen unicornios cuyo éxito podría explicarse por varios factores como la experiencia previa, una personalidad extravagante o la suerte. Pero la mayoría de la gente necesita invertir mucho tiempo y esfuerzo antes de lograr resultados concretos. Algunas de las personas más exitosas del planeta pasaron años trabajando en sus proyectos antes de convertirse en gente con éxito "de la noche a la mañana". Así que ten paciencia y sigue adelante.

* * *

Actividad práctica

Utilizando tu guía de acción, escribe tres situaciones en las que te marcaste expectativas poco realistas y te sentiste desanimado o frustrado cuando no lograste tus objetivos. A continuación, contesta las siguientes preguntas:

- ¿Sobre qué objetivo actual puede que tengas expectativas poco realistas?
- ¿Cómo podrías ajustar tus expectativas para que fueran más realistas?

D. El pensamiento inadecuado te lleva a sentirte sobrepasado

Si no dedicas el tiempo suficiente a reflexionar, es fácil que acabes abrumado por todo el océano de información disponible. Pensar de la manera adecuada implica ser capaz de clasificar la información, separando la relevante de la irrelevante. La información relevante incluye todo aquello que necesitas saber en este momento para lograr tus objetivos. La información irrelevante abarca todo lo demás. Por supuesto, esto no quiere decir que debas consumir solo la información que vas a utilizar ahora mismo, pero sí que significa que deberías evitar consumir más información de la que necesitas.

La mayor parte de la información que consumimos en la actualidad es ruido, no solo innecesario, sino también contraproducente. Seguir buscando nuevas tácticas, trucos y otras artimañas solo te llevará a saltar de una cosa a otra, sin acercarte nunca a tus objetivos. Date cuenta de que la mayoría de los principios que debes aplicar para alcanzar tus objetivos permanecen constantes. No cambian cada día. A menudo son válidos durante años. En consecuencia, probar diferentes tácticas una tras otra raramente te llevará a un éxito repentino. Lo que necesitas es una estrategia sólida.

En otras palabras, cuanto menos atrapado quedes en el flujo incesante de datos, más capaz serás de separar el ruido de fondo de la información valiosa. Esto te ayudará a tener una visión global y a diseñar una estrategia efectiva que funcione para ti.

En el tercer libro de esta colección, *Domina Tu Concentración*, explico detalladamente cómo seleccionar la información necesaria y eliminar todo lo demás para ayudarte a desarrollar una concentración aguda y conseguir resultados tangibles.

* * *

Actividad práctica

Rellena la tabla en tu guía de acción de la siguiente manera:

- En la primera columna, anota toda la información que has consumido en los últimos siete días (por ejemplo, libros, artículos o correos electrónicos que has leído, sitios web que has visitado, vídeos que has visto, etc.).
- En la segunda columna, escribe una "U" para indicar la información útil o una "R" si se trata de ruido.
- En la tercera columna, escribe las acciones concretas que tomarás respecto a la información que has identificado como ruido.

En conclusión, el pensamiento inadecuado conlleva un alto coste. Si no logras razonar con claridad, tomarás muchas malas decisiones que te costarán tiempo y energía. Por ello, procura evitar:

- Realizar suposiciones negativas sin comprobar que son ciertas,
- Empezar una tarea sin pensar las cosas bien de antemano,
- Sustituir pensar cuidadosamente las cosas por el trabajo duro,
- Generar expectativas poco realistas y
- Consumir demasiada información irrelevante.

A continuación, vamos a ver con más detalle algunas de las razones por las que tu pensamiento actual puede ser incorrecto.

POR QUÉ TU PENSAMIENTO ACTUAL ES INCORRECTO

Es imposible tener una visión completamente correcta del mundo. Todos somos presa de los sesgos y tendemos a basarnos en juicios precipitados cuando tomamos decisiones. Por suerte, existen herramientas que podemos utilizar para desarrollar nuestra habilidad de pensar de forma más precisa y tomar mejores decisiones.

Vamos a revisar algunas de las razones por las que tu pensamiento puede ser incorrecto y qué puedes hacer al respecto.

A. Las suposiciones incorrectas distorsionan tu pensamiento

Tu pensamiento puede ser incorrecto porque has hecho, o estás haciendo, suposiciones erróneas que no reflejan la realidad a tu alrededor.

Lo cierto es que haces suposiciones constantemente a lo largo del día. Muchas de estas suposiciones tienen un impacto menor en tu vida, pero algunas pueden tener graves repercusiones. Como hemos visto antes, aquello que crees dicta cómo piensas, te sientes y actúas. Por lo tanto, hacer suposiciones incorrectas (es decir, pensar de forma incorrecta) te llevará a tomar acciones equivocadas y a obtener escasos resultados. Por este motivo, debes aprender a cuestionar tus suposiciones. Cuando asesoro a un cliente o interactúo con alguien, intento identificar las suposiciones negativas que pueda tener. Algunas de ellas podrían ser:

- No es posible tenerlo todo.
- No puedo ganar dinero haciendo esto.
- No soy lo suficientemente inteligente.
- Tengo que trabajar más duro.

¿Son ciertas estas afirmaciones? Puede que sí, puede que no.

¿Qué hay de ti? ¿Qué suposiciones principales estás haciendo en tu vida? Cada una de las suposiciones incorrectas que mantienes crea limitaciones. En el momento en el que crees que algo es imposible, casi nunca se convierte en tu realidad. Por esta razón, debes tener mucho cuidado cuando realizas suposiciones: tienen consecuencias reales en el mundo real.

Por ejemplo, vamos a imaginar que crees que el único propósito de tu trabajo es pagar tus facturas. Si es así, ¿cuáles son las probabilidades de que acabes dedicándote a la profesión de tus sueños?

Recuerdo una conversación que tuve con mi director cuando estaba trabajando en Japón. Él me dijo que no hacía falta que me gustara mi trabajo y que lo único que tenía que hacer era cobrar mi sueldo y disfrutar de mi tiempo libre. Sin embargo, esto no me pareció del todo correcto en aquel momento. No podía resignarme a dedicar el resto de mi vida saltando de un trabajo insatisfactorio al siguiente solo para llegar a fin de mes.

Si la idea de mi jefe hubiera calado en mí, probablemente nunca habría seguido la carrera que me apasiona. Esto demuestra lo peligrosas que pueden ser las suposiciones. Mantener una sola suposición errónea puede limitar tus posibilidades y destruir tu potencial de crecimiento y plenitud.

Veamos un ejemplo más.

Imagina que una de tus suposiciones es que la gente que tiene dinero es malvada o corrupta. Si este fuera el caso, ¿cuáles serían las probabilidades de que acabaras siendo rico? Muy pocas. ¿Por qué querrías que se te asociara con algo que consideras malo?

Espero que ahora entiendas cómo de limitantes pueden ser las suposiciones incorrectas. Aquello que crees suele convertirse en tu realidad. Así que ten cuidado con lo que deseas.

Ahora bien, ¿significa esto que tus suposiciones no sirven para nada? No. Existen por un motivo. Vamos a ver *por qué* realizas suposiciones.

* * *

Actividad práctica

Utilizando tu guía de acción, escribe tres suposiciones negativas que puedas estar haciendo actualmente en tu vida.

1. Por qué realizamos suposiciones

Nuestra mente necesita darle sentido a las cosas y a los sucesos en un intento de entenderlos. Es por ello que no podemos evitar interpretar todo aquello que nos sucede. Por ejemplo, algunos de nuestros ancestros veían los desastres naturales como una manifestación de la ira de los dioses y decidieron realizar rituales para apaciguar a estas deidades.

De forma similar, tus suposiciones te proporcionan un contexto que puedes utilizar para navegar por la vida y tomar decisiones. Puedes mantener suposiciones sobre la naturaleza del trabajo, el sentido de la vida o el funcionamiento de la política. Cuanto más acertadas sean, mejores decisiones tomarás—y mejores resultados podrás obtener.

Ten en cuenta que hacer suposiciones es inevitable. Tu mente procesa automáticamente la información a tu alrededor y la interpreta, creando un modelo de realidad único para ti. Sin las suposiciones, carecerías de criterios para determinar si una acción es relevante, lo que te impediría tomar ninguna decisión de importancia.

2. De dónde provienen tus suposiciones

Cómo he descrito anteriormente, nuestras mentes generan suposiciones. Pero, ¿alguna vez te has preguntado de donde provienen estas suposiciones? ¿Por qué tú mantienes unas suposiciones diferentes de las de tu vecino? Tus suposiciones son parte del modelo de realidad que has construido a lo largo de tu vida. Para comprender de dónde vienen, tenemos que ver con más detalle cómo has creado tu modelo de realidad.

3. Cómo has creado tu modelo de realidad

Tu modelo de realidad engloba todas las suposiciones (o creencias) en las que te basas para darle sentido al mundo a tu alrededor. Cada uno de nosotros tiene su propio modelo de realidad subjetivo, que puede ser más o menos correcto. Las creencias que constituyen tu modelo de realidad provienen de diferentes fuentes, tales como:

- Tus padres,
- Tus profesores,
- Los medios de comunicación (periódicos, TV, internet, etc.).
- Tus amigos y compañeros de trabajo,
- Tus propias experiencias y
- Tu interpretación.

Vamos a analizar cada una de ellas.

a. Tus padres

Tus padres juegan un papel importante a la hora de dar forma a tu modelo de realidad, transmitiéndote sus creencias. Ten en cuenta que, a veces, en lugar de adoptar las creencias de tus padres, adoptas las creencias contrarias, ya sea de manera consciente o inconsciente. Por ejemplo:

- Si tus padres son tacaños, puede que gastes tu dinero frívolamente o incluso que contraigas deudas.
- Tener unos padres estrictos puede llevarte a ser demasiado indulgente con tus propios hijos.

En resumen, tiendes a imitar la conducta de tus padres o a hacer exactamente lo contrario. Ahora bien, es decisión tuya revisar las creencias que has heredado y cambiarlas como y cuando sea necesario.

b. Tus profesores

El colegio también influencia tu modelo de realidad a través de la interacción con tus profesores y tus compañeros de clase. Sin importar lo neutrales que intenten ser los profesores, cada uno tiene su propia visión del mundo. Las creencias que te son transmitidas durante tu etapa en el colegio dependen de varios factores, tales como el tipo de colegio al que acudes, tus profesores y compañeros o el país en el que vives, entre otros.

En pocas palabras, el colegio no es neutral. Influencia tus creencias y da forma a tu modelo de realidad en progreso.

c. Los medios de comunicación

Los medios de comunicación también tienen una gran influencia. Los canales de televisión, los periódicos y otros medios tienen sus propias intenciones y sesgos. Por ejemplo, tienden a informar de sucesos negativos como revueltas, crímenes o desastres naturales, ignorando las noticias positivas. ¿Por qué? Porque las malas noticias venden más. Esto puede llevarte a creer que el mundo es un lugar peor de lo que es en realidad.

Prueba a completar el siguiente enunciado:

En los últimos veinte años, la proporción de población en el mundo que vive en una situación de pobreza extrema...

1. Casi se ha duplicado.
2. Se ha mantenido más o menos igual.
3. Se ha reducido casi a la mitad.

La respuesta correcta es la C: se ha reducido casi a la mitad.

¿Has acertado? Solo el cuatro por cien de los franceses, el cinco por cien de los norteamericanos y el nueve por cien de los británicos lo han acertado. Esta información proviene del libro de Hans Rosling

Factfulness. En su libro, Rosling demuestra que, al contrario de lo que pensamos muchos de nosotros, las cosas están mejorando en el mundo en muchos aspectos.

La cuestión es que aquello que se cuenta en las noticias no es verdaderamente representativo del estado actual del mundo. ¿Y por qué es importante esto? Porque malinterpretar la realidad tiene consecuencias en el mundo real. Por ejemplo, creer que el mundo es peor de lo que es en realidad puede llevarte a perder la esperanza. Como resultado, puede que no te preocupes por realizar ninguna acción para mejorarlo. Tu percepción incorrecta del mundo también puede llevarte a malgastar mucho tiempo y esfuerzo en los problemas equivocados, mientras que ignoras otros problemas más urgentes. Este es el coste de un modelo de realidad incorrecto. No es solo teoría.

d. Tus amigos y compañeros de trabajo

Tus amigos, colegas y compañeros de trabajo inevitablemente influencian tu percepción del mundo. Si no tienes cuidado, las personas pesimistas matarán tus sueños. Por otra parta, las personas positivas te inspirarán, aumentando las probabilidades de que puedas lograr grandes cosas, a veces más allá de lo que puedes imaginar.

Para aprender a rodearte de gente positiva y crear un entorno que te empodere, consulta la sección *Diseñar un entorno positivo* en la Parte III de este libro.

e. Tus propias experiencias

Todo lo que experimentas, ya sea positivo o negativo, es una retroalimentación que recibes de la realidad. En otras palabras, a medida que realizas acciones en el mundo real, recibes información valiosa de la realidad a tu alrededor. La retroalimentación que recibes puede confirmar aquello que pensabas previamente o puede refutarlo, obligándote a revisar tu modelo original.

Por ejemplo, puede que creas que has hecho un gran trabajo con tus deberes, pero después tu profesor te ha puesto una mala nota. Esta retroalimentación de la realidad te obliga a revisar lo que pensabas y a tomar las acciones necesarias para mejorar tu rendimiento (por ejemplo, asistir a clases adicionales, pedir ayuda a tus amigos, etc.).

Cuanta más acción tomes, más retroalimentación recibirás y más oportunidades tendrás de realizar suposiciones más acertadas y de refinar tu modelo de realidad.

f. Tu interpretación

La experiencia es un gran maestro. Sin embargo, aquello que da forma a tu modelo de realidad no es solo lo que experimentas, sino también la manera en la que lo interpretas. Y cómo interpretas tus experiencias se basa en las suposiciones que mantienes. Al aprender a realizar suposiciones mejores, le darás un significado más constructivo a tus experiencias. Esto, a su vez, te llevará a realizar acciones más inteligentes y a generar mejores resultados.

Por ejemplo, si asumes que cada dificultad a la que te enfrentas te acerca a tus objetivos, estarás más inclinado a aprender de tus errores que desanimado por ellos. Sin embargo, si ves los obstáculos como un signo de que no eres lo suficientemente capaz, probablemente evitarás cometer errores, lo que frenará tu crecimiento. De forma similar, si asumes que la gente tiene buenas intenciones, interpretarás las situaciones de una forma más positiva que si crees que esas mismas personas quieren aprovecharse de ti.

Ahora que hemos visto cómo se generan tus suposiciones y cómo contribuyen a crear tu modelo de realidad, vamos a repasar algunos sesgos comunes que pueden distorsionar tu pensamiento.

Actividad práctica

Utilizando tu guía de acción, escribe una suposición limitante que puedas haber adquirido de cada una de estas fuentes:

- Tus padres,

- Tus profesores,
- Los medios de comunicación (periódicos, TV, internet, etc.).
- Tus amigos y compañeros de trabajo,
- Tus propias experiencias y
- Tu interpretación.

B. Cinco sesgos comunes que distorsionan tu pensamiento

Como seres humanos que somos, tendemos a caer en diversos sesgos. Simplemente es la forma en la que funciona nuestro cerebro. Para pensar de manera más adecuada, debes ganar una conciencia aguda de los sesgos principales de los que puedes estar siendo víctima.

Ahora bien, no es posible evitar completamente los sesgos. Para lograrlo, deberías ser consciente de tus pensamientos en todo momento durante todos los días, lo que requeriría mucha más energía de la que tienes. No obstante, sí que puedes ser más consciente de tus sesgos principales en los momentos clave que requieran que tomes decisiones relevantes.

En esta sección, revisaremos algunos de los sesgos principales que pueden llevarte a pensar de manera incorrecta. Veremos cómo puedes superar estos sesgos y agudizar tu pensamiento para situarte en una posición mejor para alcanzar tus objetivos. Los sesgos que cubriremos son:

1. El sesgo egoísta,
2. La falacia de las inversiones perdidas,
3. La falacia de la planificación,
4. El sesgo de la supervivencia y
5. El efecto Dunning-Kruger.

1. El sesgo egoísta

Este se produce cuando atribuyes tus éxitos a tus habilidades, pero culpas a la mala suerte de tus errores. Este sesgo te conduce a obsesionarte con el resultado, prestando escasa atención al proceso. Si el resultado final es favorable, asumes que el proceso es correcto (aunque puede no serlo). Pero si el resultado es negativo, dices que tienes mala suerte, aunque puede que hayas seguido el proceso correcto.

Tenemos que admitir que la suerte juega un papel importante en muchas situaciones, especialmente a corto plazo. Por tanto, fijarte simplemente en el resultado inmediato puede ser erróneo. En vez de ello, debes prestar atención al proceso y seguir perfeccionándolo analizando ejemplos prácticos, experimentando y aprendiendo de la retroalimentación. Debes esforzarte en identificar las acciones correctas. Si realizas las acciones correctas repetidamente, aumentarás las probabilidades de llegar a "tener suerte" en algún momento.

Cómo lidiar con el sesgo del egoísmo

Para evitar ser víctima de este sesgo:

- Enfatiza en el proceso. Céntrate en aquello que debes hacer cada día para maximizar tus probabilidades de lograr tus objetivos a largo plazo.
- Evita asumir que tu proceso es efectivo solo porque has obtenido buenos resultados a corto plazo. En vez de ello, sigue trabajando en perfeccionarlo con el tiempo.
- Nunca asumas que lo sabes todo. Mantén tu mente abierta y escucha la retroalimentación que recibes de la gente a tu alrededor.

2. La falacia de las inversiones perdidas

Para pensar de forma correcta, debes evaluar las acciones que estás realizando actualmente basándote solo en su capacidad para llevarte a dónde quieres estar. Con demasiada frecuencia, la gente cae en lo que se denomina la "falacia de las inversiones perdidas". Es decir, toman decisiones basándose en sus acciones pasadas más que en el presente. Permiten que el tiempo, dinero y energía que han invertido en el pasado influencien sus decisiones. Sin embargo, desde un punto de vista lógico, todo lo que hicieron en el pasado es totalmente irrelevante. Aquí tienes algunos ejemplos que ilustran cómo funciona la falacia de las inversiones perdidas.

- Después de haber dedicado meses o años trabajando en tu negocio, decides seguir adelante, aunque probablemente lo que deberías hacer sería renunciar y pasar a otro proyecto.
- Tras haberte gastado cientos de dólares en la portada de tu libro, te niegas a cambiarla, aunque esté dificultando tus ventas.
- Mantienes una relación sentimental durante años y rechazas terminarla, aunque sea lo mejor para ambos a largo plazo.

En todos los ejemplos anteriores, decides mantener tu situación actual debido a varios factores del pasado, mientras que ignoras lo que desea tu yo del presente. Al hacerlo, estás ignorando a tu yo presente y actuando en contra de tu yo futuro en el que quieres convertirte.

Para evitar la falacia de las inversiones perdidas, puedes practicar lo que se denomina "pensamiento de cero". Para ello, pregúntate lo siguiente:

Sabiendo lo que sé actualmente, ¿aún haría...hoy?

Por ejemplo:

- Sabiendo lo que sé actualmente, ¿aún *empezaría ese negocio* hoy?
- Sabiendo lo que sé actualmente, ¿aún *aceptaría aquel trabajo* hoy?
- Sabiendo lo que sé actualmente, ¿aún *compraría esa portada de libro* hoy?
- Sabiendo lo que sé actualmente, ¿aún *empezaría esa relación* hoy?

Si tu respuesta es no, te está indicando que tu yo presente desea algo diferente.

Otra manera de superar la falacia de las inversiones perdidas es aprender a valorar más a tu yo futuro. No es necesario que sigas complaciendo a tu yo del pasado, pero tu futuro yo cuenta contigo para que tomes las mejores decisiones posibles hoy para maximizar tu felicidad de mañana. Pregúntate lo siguiente:

Si fueras tu yo futuro de dentro de cinco años, ¿qué querrías que tu yo del presente hiciera por ti hoy?

3. La falacia de la planificación

Se nos da muy mal planificar. Cuando pensamos en algo que nos gustaría lograr, no consideramos todo aquello que podría ir mal. Es por ello que muchos proyectos se retrasan y/o acaban costando mucho más de lo previsto originalmente.

Pensar adecuadamente incluye realizar mejores previsiones que te ayuden a crear planes más realistas. Si te aferras a expectativas poco realistas, podrías sentirte desmotivado cuando las cosas no salgan como las habías planeado. Incluso puedes creer que no eres lo suficientemente inteligente y que hay algo incorrecto en ti. No producir los resultados que habías prometido también puede causarte problemas con tus clientes.

Cómo superar la falacia de la planificación

Una de las mejores maneras de evitar la falacia de la planificación es adquirir el hábito de darte más tiempo para completar tus tareas o proyectos. Una buena idea es duplicar el tiempo que crees que necesitas para acabar un determinado proyecto.

Para los proyectos a largo plazo, pregúntate qué podría salir mal. Fíjate en proyectos similares que hayas completado en el pasado y piensa en los problemas que tuviste y en cuánto tiempo y esfuerzo te costó solucionarlos. Alternativamente, puedes fijarte en proyectos similares que hayan completado otras personas o empresas y utilizarlos como referencia. Una vez que hayas calculado el tiempo y el presupuesto que necesitas, añade más a modo de colchón.

4. El sesgo de la supervivencia

El sesgo de la supervivencia tiene lugar cuando solo te fijas en las historias de éxito, sin tener en cuenta todos los proyectos fallidos que no llegan a los titulares. Este sesgo puede darnos la impresión de que nuestras probabilidades de éxito son mucho mayores de lo que son en realidad. Por ejemplo, por cada nueva empresa emergente que triunfa, fracasan cientos de ellas.

En otras palabras, intentar descubrir la clave del éxito fijándote en los emprendedores exitosos puede no ser siempre útil. Una gran parte de su éxito podría deberse a la suerte. Después de todo, si consideramos un conjunto de emprendedores o trabajadores lo suficientemente grande, algunos de ellos están destinados a acabar teniendo éxito, ¿no crees?

No quiero decir con esto que *todo* se deba a la suerte, sino ayudarte a entender el concepto de probabilidades para que puedas alinear mejor tu pensamiento con la realidad. La buena noticia es que la suerte tiende a ser menos relevante a largo plazo. Esto significa que, si consigues pensar de manera bastante adecuada, construir un modelo de realidad efectivo y actuar en consecuencia con constancia, tienes más probabilidades de acabar "teniendo suerte" en algún momento.

En la *Parte III. Empoderar tu modelo de realidad*, analizaremos qué puedes hacer para "generar" más suerte y aumentar tus probabilidades de éxito.

Cómo lidiar con el sesgo de la supervivencia

Para cualquier objetivo que quieras conseguir, lee todo lo que puedas sobre la gente que ha tenido éxito. Intenta comprender qué hicieron para tener éxito y cuál fue su proceso de pensamiento durante su viaje. Pero no te quedes aquí. Fíjate también en las personas que no lograron alcanzar ese mismo objetivo e intenta averiguar por qué fracasaron. A continuación, contesta las siguientes preguntas:

- ¿Cuáles son todas las razones por las que podría fallar?
- ¿Qué podría impedirme alcanzar ese objetivo?

Las dificultades a las que te enfrentas pueden ser obstáculos externos, tales como la falta de recursos, o internos, como las creencias limitantes o una falta de habilidades.

En conclusión, aprende tanto de las historias de éxito como de los fracasos. Así es como puedes refinar tu modelo de realidad y aumentar las probabilidades de lograr tus objetivos.

5. El efecto Dunning-Kruger

¿Alguna vez te has percatado de que las personas que menos saben sobre un tema parecen las que tienen más seguridad en sí mismas? Como el taxista que te dice qué acciones deberías comprar, el peluquero que afirma tener la solución a complejos problemas políticos o el camarero que te enseña a dirigir un negocio. Este sesgo se ha denominado Efecto Dunning-Kruger (por los psicólogos David Dunning y Justin Kruger, que demostraron este sesgo mediante experimentos).

Cuando trabajas en un objetivo, uno de los mayores problemas a los que te enfrentas es que no eres consciente de qué no sabes. Esto te lleva a creer que sabes más de lo que en realidad sabes, lo que puede crear graves problemas. Como resultado, puedes acabar siendo conformista en vez de aprender más sobre tu objetivo y perfeccionar tus suposiciones.

Cómo lidiar con el Efecto Dunning-Kruger

Para minimizar las consecuencias de este sesgo, debes estar dispuesto a cuestionar tu aproximación. Aprende continuamente de la retroalimentación y sé humilde sin importar lo experimentado que creas que eres. Tu habilidad para cuestionarlo todo y tu disposición a aprender te permitirán refinar tu modelo de realidad con el tiempo. En el momento en el que crees que lo sabes todo es cuando empieza tu caída—te des cuenta de ello o no.

Hablaremos con más detalle sobre la importancia de ser humilde y aprender de la retroalimentación en la sección *Cómo afecta tu ego a tu pensamiento* y en la *Parte II. Alinearte con la realidad*.

* * *

Actividad práctica

Utilizando tu guía de acción, escribe qué papel juega cada sesgo en tu vida. Intenta dar un ejemplo concreto para cada uno de los sesgos:

- El sesgo egoísta,
- La falacia de las inversiones perdidas,
- La falacia de la planificación,
- El sesgo de la supervivencia y
- El efecto Dunning-Kruger.

C. Cómo afecta tu ego a tu pensamiento

Tu ego también juega un papel relevante a la hora de desarrollar un pensamiento adecuado. Tu ego puede hacer que rechaces pedir ayuda, que vivas en un estado de negación, que evites los fracasos o que culpes a los demás o a las circunstancias. Actitudes como estas limitarán drásticamente tu capacidad de dar lo mejor de ti y de lograr tus objetivos.

En este libro, definiremos el ego como la identidad que crees que debes proteger para mantener tu percepción actual de ti mismo. Puedes entenderlo como tu orgullo.

Para mejorar tu pensamiento, debes dejar ir tu ego. Debes estar dispuesto a admitir tus errores. Cuanto más lo hagas, más capaz serás de aprender y de perfeccionar tu modelo de realidad. Por el contrario, cuanto más te aferres a la idea de que tienes razón, menos aprenderás y más riesgo correrás de no estar alineado con la realidad. Negar la realidad suele conducir a la mediocridad. Al intentar tener siempre la razón, harás que te sea mucho más difícil mejorar.

Existen diferentes maneras por las que tu ego puede impedirte lograr los resultados que quieres. Un ego fuera de control puede causar que:

1. Vivas en un estado de negación,
2. Rechaces pedir ayuda,
3. Evites los fracasos o
4. Culpes a los demás o a las circunstancias externas.

1. Vivir en un estado de negación

Para construir un modelo mejor, debes ver la realidad tal como es, aunque duela. Debes aceptar que, para que las cosas cambien, tú tienes que cambiar. Y, desde la perspectiva de tu ego, esto da miedo.

Por desgracia, estar tan aferrado a la manera en la que siempre has hecho las cosas puede hacer que estés poco dispuesto a cambiar tu aproximación. Sin embargo, no ver tus problemas de manera objetiva te impedirá hacer los cambios que necesitas en tu vida.

Como ejemplo, yo me negué durante meses a calcular cuánto dinero estaba ganando con los derechos de autor de mis libros. Tenía miedo de conocer la verdad. Después de renunciar a mi trabajo anterior para dedicarme a la escritura a tiempo completo, decidí enfrentarme a la realidad. Tenía que considerar la escritura como un negocio y empecé por fijarme en las cuentas. Tras la producción y la edición, revisión, publicidad y todos los demás costes, descubrí que en realidad estaba perdiendo dinero. Enfrentarme a la verdad me permitió empezar a tomar mejores decisiones de negocio y a mejorar mis resultados con el tiempo.

¿Qué hay de ti? ¿De qué maneras estás negando la realidad? ¿En qué áreas estás desviando la mirada hacia otro lado?

El primer paso para cambiar cualquier cosa es evaluar la situación actual con la mayor objetividad posible. ¿Estás dispuesto a ello?

2. Rechazar pedir ayuda

¿Pides ayuda o siempre intentas resolver las cosas por tu cuenta?

Muchos de nosotros tenemos miedo de admitir que necesitamos ayuda. No queremos parecer malos. Nos aterroriza dejar que los demás sepan cómo de ignorantes o ineptos somos. No obstante, esto nos puede generar mucho sufrimiento en nuestras vidas. Por no mencionar que este tipo de comportamiento puede frenar nuestro progreso.

Cuando te niegas a pedir ayuda, te arriesgas a tomar decisiones que te costarán tiempo y energía. Por ejemplo, puede que te pases horas intentando averiguar cómo crear un blog cuando podrías haber preguntado a uno de tus amigos expertos en tecnología. Si conoces a alguien que podría proporcionarte la información que necesitas o enseñarte habilidades valiosas, ¿por qué no dejar de lado tu ego y pedir ayuda?

La cuestión es que no solo es correcto pedir ayuda, sino que también suele ser esencial. Si no sabes algo, pregunta. La mayoría de las personas con éxito están dispuestas a pedir ayuda, así que, ¿por qué no puedes tú pedir ayuda también? Al hacer más preguntas, aprenderás mejor y más rápido, lo que te permitirá ir perfeccionando tu modelo de realidad.

Algunas de las razones por las que podrías no querer preguntar incluyen:

- Orgullo,
- Miedo de molestar a los demás o
- La convicción de que deberías resolverlo todo por tu cuenta.

Vamos a revisar cada una de ellas brevemente.

a. Orgullo

¿Tienes miedo de que los demás conozcan tus dificultades? ¿Te asusta quedar mal? Si este es el caso, date cuenta de que permitirte ser vulnerable a menudo te ayudará a crear conexiones más profundas e íntimas con las personas a tu alrededor. Buscar ayuda no es un signo de debilidad; muestra que estás dispuesto a crecer y a abrirte a los demás. Esto es lo que hacen las personas fuertes.

b. Miedo de molestar a los demás

Si eres como yo, puede que no te guste molestar a los demás con tus problemas. Quizás te sientes mal porque están ocupados o crees que no eres lo suficientemente importante como para que los demás te dediquen su tiempo. Si es así, esto puede estar indicando que no te valoras lo suficiente. Empieza a reconocer estas situaciones y procura "molestar" a los demás tan solo un poco más que ahora.

Tampoco te olvides de que la mayoría de la gente se alegra de poder ayudar. Generalmente, nos encanta hacer gala de nuestra experiencia. Nos gusta sentirnos útiles. Así que, ¿por qué no "molestar" a la gente de vez en cuando? Puede que te haga sentir algo incómodo, pero es una práctica saludable que puede ayudarte a valorarte más.

c. La creencia de que deberías resolverlo todo por tu cuenta

A lo mejor piensas que deberías solucionarlo todo tú mismo. Este pensamiento puede ser positivo, puesto que estimula tu creatividad y desarrolla tu ingenio—elementos clave para lograr un mayor nivel de éxito. No obstante, también hay momentos en los que es mucho mejor pedir ayuda. No te puedes permitir el lujo de reinventar la rueda cada vez que hagas algo nuevo. Si hay gente en tu entorno que tiene las habilidades y el conocimiento que pueden serte útiles, ¿por qué no pedirles consejo?

Antes de asistir a la escuela de negocios en 2013, yo no sabía nada de negocios y apenas podía utilizar una hoja de cálculo. Como me daba vergüenza revelar mi falta de conocimiento, dejaba que otros se encargaran de las hojas de cálculo en los trabajos en grupo o encontraba formas de que compartieran sus documentos conmigo. Este comportamiento no solo me impedía mejorar mis habilidades, sino que además me hacía sentir como un incompetente. Este patrón se ha repetido muchas veces en mi vida. Funciona de la siguiente manera:

- Asumo que debería saber cómo hacer algo (aunque no tenga experiencia previa en ello),
- Me siento avergonzado por no saber cómo hacerlo,
- Intento esconder mi "incompetencia" a toda costa, mientras me siento fatal conmigo mismo,
- Como no pido ayuda, me cuesta mejorar,
- La diferencia entre mis habilidades y las de los demás se amplía y
- Acabo sintiéndome incluso peor conmigo mismo.

Creo que mucha gente con baja autoestima cae en este patrón. Si el proceso que he descrito te resulta familiar, sé consciente de ello. Y recuerda que no tienes por qué seguirlo.

La mayor parte de las personas exitosas piden ayuda. Saben que es la mejor manera de obtener mejores resultados más rápidamente. También entienden que ayudarse mutuamente es una manera maravillosa de crear relaciones más profundas y con significado con sus parejas, hijos, amigos o compañeros de trabajo. Les hace sentirse parte de una comunidad.

En resumen, al no pedir ayuda, te arriesgas a sentirte aislado y débil. Casi con toda seguridad, alguien debe tener la respuesta a tus preguntas. ¿Por qué no encontrar a esas personas y pedirles ayuda? Esta es la acción más inteligente y madura que puedes tomar.

3. Evitar el fracaso

¿Tienes miedo de fracasar? ¿Te asusta quedar mal?

Fracasar significa que estás intentando algo nuevo y a tu ego esto no suele gustarle. Él prefiere el orden establecido. No obstante, para conseguir cualquier objetivo relevante, tienes que crecer. Si ya fueras la persona que necesitas ser para alcanzar tus metas, ya las habrías alcanzado, ¿no?

Pero aún no lo has conseguido.

El cambio es la única constante en este mundo. Todo crece o decae. Si no mantienes tu casa, eventualmente acabará derrumbándose. Si no haces crecer tu empresa, perderás ventas en el mercado frente a tus competidores y, si no te esfuerzas por mejorar, tenderás a empeorar. Por tanto, para crecer y avanzar hacia tu vida ideal, necesitas enfrentarte a retos y experimentar con cosas nuevas. Y esto implica estar dispuesto a fracasar.

El fracaso no existe

Mucha gente intenta evitar el fracaso a toda costa, pero esta no es la manera de diseñar tu vida ideal. Las personas con más éxito en este planeta comprenden el valor del fracaso. Están dispuestas a "fracasar" tantas veces como sea necesario hasta lograr sus objetivos.

En realidad, el fracaso es algo que se debe utilizar, no evitar. El error es el mecanismo de retroalimentación que necesitas para perfeccionar tu modelo de realidad. *Necesitas* equivocarte para poder ajustar tu trayectoria y alcanzar tus objetivos. De la misma manera que el dolor te avisa de que algo va mal en tu cuerpo, los "fracasos" te dicen que podría haber errores en tu estrategia. A medida que aprendas a ver los fracasos como una retroalimentación de la realidad, te será más fácil perseverar hasta alcanzar tus metas.

Ten en cuenta que el fracaso no es algo personal. Tú no "fracasas", simplemente intentas algo que no funciona. Si no funciona, prueba algo diferente. Pide opiniones. Consulta a expertos. Encuentra un mentor. Cambia tu plan. O inténtalo una vez más.

La conclusión es: deja de tenerle miedo al fracaso. Utiliza cada uno de tus "errores" para refinar tu modelo de realidad. Y sigue ajustando tu trayectoria hasta que consigas viajar desde donde estás ahora hasta donde te gustaría estar en el futuro.

4. Culpar a los demás y a las circunstancias

Otra tendencia que puedes tener es hacerte la víctima. El problema es que, cuando actúas como una víctima, pierdes la oportunidad de asumir más responsabilidad en tu vida y hacer cambios positivos. Ser la víctima implica que renuncias a tu poder y se lo das a otras personas o a las circunstancias.

Una buena analogía para explicar qué es el victimismo es imaginarse una línea con los términos "responsabilidad personal" en el extremo izquierdo y "culpa" en el extremo derecho. Cuando más responsabilidad personal asumas, menos culparás a otras personas y a las circunstancias y viceversa. Estos conceptos son mutuamente excluyentes.

¿Te gusta hacerte la víctima? Ser la víctima seguramente te permite:

- Mantener la ilusión de que tienes razón (tu ego odia equivocarse) y
- No hacer nada respecto a tu situación. Aceptar la idea de que podrías tener parte de responsabilidad en la situación te

obligaría a hacer algo por mejorarla, lo que podría requerir mucho tiempo y energía.

No quiero decir que otras personas o las circunstancias nunca sean obstáculos que se interponen entre ti y tus objetivos. Lo que *digo* es que, cuanta más responsabilidad asumas por todo aquello que te ocurre, más te empoderarás a ti mismo y más oportunidades tendrás de mejorar tu situación.

Por ejemplo, culpar a tu difícil infancia de tu falta de éxito no te ayudará a diseñar tu futuro ideal. Sin embargo, si estás dispuesto a preguntarte qué puedes hacer respecto a tu situación actual, se te ocurrirán diferentes acciones que puedes empezar a realizar desde hoy mismo.

Pensar adecuadamente incluye ser consciente de que tienes el poder de cambiar tu vida. Y esto empieza por centrarte en lo que puedes hacer en vez de buscar qué o quién tiene la culpa. Así es como podrás conseguir resultados tangibles en el mundo real.

* * *

Actividad práctica

Utilizando tu guía de acción, escribe un ejemplo concreto de tu vida personal para cada una de las siguientes actividades:

- Vivir en un estado de negación,
- Rechazar pedir ayuda,
- Evitar los fracasos y
- Culpar a los demás o a las circunstancias externas.

A continuación, escribe qué podrías hacer para lidiar con cada una de estas trampas de tu ego.

D. Cómo tus emociones distorsionan tu pensamiento

El pensamiento incorrecto también puede ser el resultado de un estado emocional negativo. Nuestras emociones pueden distorsionar tanto nuestro pensamiento como la manera en la que nos comportamos. Por ejemplo, cuando te sientes bien contigo mismo, eres más creativo y tienes más energía para realizar las acciones que necesitas para lograr tus objetivos. Por el contrario, cuando te sientes como un fracasado, te falta motivación y lo único que haces es invitar más y más pensamientos negativos. En este estado de negatividad, todo parece oscuro y eres incapaz de razonar con claridad o de tomar decisiones acertadas.

En resumen, cuando estás bajo la influencia de las emociones negativas, tiendes a perder la perspectiva. Por lo tanto, si quieres desarrollar un pensamiento adecuado, debes aprender a controlar tus emociones de manera más efectiva.

I. Características clave de las emociones negativas

A continuación, te muestro algunas de las características de las emociones negativas de las que debes ser consciente:

a. Las emociones negativas actúan como un hechizo

Cuando te encuentras bajo la influencia de las emociones negativas, puede parecerte imposible librarte de ellas. Es probable que sientas la necesidad de centrarte en los mismos pensamientos negativos repetidamente.

b. Las emociones negativas filtran tus experiencias

Las emociones negativas actúan como un filtro que reduce la calidad de tus experiencias. Durante un episodio negativo, percibes todas las experiencias a través de este filtro. Aunque puede que el mundo exterior siga siendo el mismo, lo vivirás de una manera completamente diferente según como te sientas.

Por ejemplo, cuando estás triste, puede que no disfrutes de los platos que comes, de la película que ves o de las actividades que realizas. Solo ves la parte negativa de las cosas y acabas sintiéndote atrapado y sin poder. Por otro lado, si estás de buen humor, todo te parece mejor. La comida sabe genial, eres amable y disfrutas de las actividades en las que participas.

c. Las emociones negativas atraen más emociones negativas

Cuando te encuentras en un estado emocional negativo, empiezas a atraer más emociones de la misma "onda" (es decir, más emociones negativas). Por ejemplo, puede que estés de mal humor porque tu jefe te ha gritado en el trabajo. Esto puede llevarte a pensar sobre los problemas que tienes con tu pareja. O puede que recuerdes tu dolor de espalda y empieces a obsesionarte por ello. Como resultado, acabarás sintiéndote aún peor.

2. Cuatro consejos para ayudarte a superar las emociones negativas

En este punto ya comprendes que tus emociones pueden distorsionar tu pensamiento. Si no las mantienes bajo control, acabarán tomando las riendas de tu vida. Para gestionar tus emociones de manera más efectiva, te recomiendo lo siguiente:

Consejo n.º 1—Admite el concepto de que tú no eres tus emociones

Tus emociones nunca pueden definirte. Por ejemplo, estar triste durante meses no te hace menos persona de lo que eras cuando estabas feliz. Las emociones son como nubes que ocultan el sol. El sol *siempre* está ahí. Tus emociones pueden engañarte mucho más de lo que puedas imaginar—y lo harán—pero *no pueden* cambiar tu esencia.

Consejo n.º 2—Evita agrupar las emociones negativas

Las emociones negativas atraen más emociones negativas. Por ello, empieza a darte cuenta de los momentos en los que estás agrupando problemas (como el dolor de espalda, odiar tu trabajo o una discusión con tu pareja). A continuación, fíjate en cada problema por separado. Al hacer esto, te darás cuenta de que, si los consideras uno por uno, estos problemas no son tan graves como pensabas o al menos son más manejables. No acumules pensamientos negativos. En vez de ello, compartiméntalos y enfréntate a ellos individualmente.

Consejo n.º 3—Evita tomar decisiones importantes cuando estás bajo la influencia de emociones fuertes

Tus emociones distorsionan tu pensamiento. Esto es válido tanto para emociones negativas como positivas. En consecuencia, evita tomar cualquier decisión importante cuando estás en un momento muy positivo (cuando te sientes extasiado) o negativo (deprimido, sin esperanza, enfadado, etc.). Espera hasta que recuperes un estado emocional más neutro. Así razonarás con mucha más claridad y tomarás mejores decisiones. Por ejemplo:

- No decidas renunciar a tus sueños cuando te sientas deprimido. Espera a sentirte mejor antes de tomar una decisión tan importante.
- No contestes inmediatamente a un correo electrónico que te ha hecho enfadar. Espera al menos 24 horas.
- No hagas ninguna promesa ni tomes decisiones de relevancia justo después de recibir una buena noticia (por ejemplo, después de ganar la lotería).

Si evitas tomar cualquier decisión importante mientras estás bajo el influjo de las emociones, te ahorrarás muchos problemas.

Consejo n.º 4—Cultiva la autocompasión

¿Cuántas veces te haces sentir mal castigándote a ti mismo? El peor momento en el que puedes hacer esto es cuando ya te sientes mal de por sí. Es por ello que me gusta adoptar lo que yo denomino la "política de me castigaré después". En otras palabras, me doy permiso para ser duro conmigo mismo más adelante, pero *no* cuando me encuentro en un estado emocional negativo. En vez de ello, procuro mostrar esa compasión que tanto necesito conmigo mismo. Y te recomiendo que hagas lo mismo.

Veremos cómo cultivar la autocompasión con más profundidad en la *Parte III. Empoderar tu modelo de realidad.*

Utiliza estos consejos para gestionar mejor tus emociones y serás capaz de tomar mejores decisiones en la vida.

* * *

Actividad práctica

Completa los ejercicios en tu guía de acción:

- Recuerda un momento en el que todo te parecía desalentador y oscuro, en el que no creías que podrías ser feliz de nuevo. Sé consciente de que tus emociones negativas acabaron desapareciendo con el tiempo.
- Piensa en tres desafíos actuales en tu vida uno por uno. ¿Cómo te hace sentir cada uno de ellos? Ahora, visualiza tres cosas por las que te sientes agradecido o entusiasmado. ¿Te sientes mejor?
- Piensa en una mala decisión que hayas tomado como consecuencia de emociones negativas (enfado, desesperanza, frustración, etc.) o positivas (alegría, euforia, entusiasmo, etc.).
- Durante un minuto completo, dedícate unas palabras de ánimo. Recuérdate que lo estás haciendo bien, que tienes buenas intenciones y que estás orgulloso de lo que has logrado. ¿Cómo te hace sentir esto?

A continuación, vamos a explorar maneras adicionales en las que distorsionas tu pensamiento mediante patrones de pensamiento negativos comunes.

3. Tres patrones de pensamiento negativos comunes que debes evitar

Como seres humanos que somos, todos caemos en ciertos patrones de pensamiento negativos. Entender estos patrones te ayudará a controlar mejor tus emociones y a asegurarte de que piensas con mayor claridad.

Patrón de pensamiento n.º 1—Generalización. Se da cuando simplificas en exceso las cosas en vez de aplicar un enfoque con más matices. A menudo puedes darte cuenta de cuándo estás generalizando si te fijas en el uso de expresiones tales como "siempre" o "nunca". Algunos ejemplos son:

Siempre:

- Siempre llego tarde.
- Siempre me equivoco.
- Siempre soy el que ...
- ¿Por qué siempre me pasa esto a mí?

Nunca:

- Nunca volveré a ser feliz.
- Nunca hago las cosas bien.
- Nunca seré capaz de encontrar un trabajo como este.

¿Alguna vez has utilizado afirmaciones como estas?

Este tipo de generalizaciones no solo son incorrectos, sino que también te llevan a sentirte mal contigo mismo. No siempre llegas tarde, ¿no? Puede que llegues tarde más veces de las que te gustaría, pero también eres puntual en otras muchas ocasiones. Sí, pueden ocurrirte desgracias de vez en cuando, pero esta no es tu situación por defecto. Muchas otras personas se enfrentan a problemas similares y algunas seguramente se enfrentan a problemas más graves.

Fíjate en las ocasiones en las que utilizas palabras como "siempre" o "nunca", puesto que suelen indicar que estás distorsionando la realidad. Puede que hagas esto para suscitar la simpatía de los demás o para evitar asumir la responsabilidad por tu situación actual. En cualquier caso, la generalización de este tipo distorsiona tu pensamiento y te dificulta cumplir tus objetivos.

Actividad práctica

Cuando te des cuenta de que estás generalizando, reformula la frase para que refleje de forma más precisa la realidad. Aquí te muestro algunos ejemplos:

Siempre llego tarde Puede que llegue tarde más veces de las que me gustaría, pero también soy puntual en otras muchas ocasiones.

Siempre soy el único del que se ríen Puede que la gente se ría de mí alguna vez, pero no soy el único y no ocurre todo el tiempo.

Nunca hago las cosas bien De vez en cuando me equivoco, pero también hago las cosas bien muchas veces.

Patrón de pensamiento n.º 2—Pensamiento de todo o nada. Este es otro patrón tóxico en el que puedes caer. El pensamiento de todo o nada hace referencia a la creencia de que necesitas conseguir algo para ser feliz, para merecer ser amado, etc. Este patrón de pensamiento te lleva a creer que tu propia felicidad depende de un suceso externo concreto. Algunos ejemplos son:

- Solo seré feliz cuando consiga ese trabajo.
- Si no puedo lograr ese objetivo, mi vida no vale la pena.
- Necesito casarme con esa persona para ser feliz.

Esto es una distorsión de cómo funciona la vida. Para vivir una vida feliz y llena de éxitos no necesitas hacer, ser o tener una cosa en particular. No tienes una única oportunidad en la vida. En realidad:

- Tu sueño de toda la vida que no llega a materializarse puede abrirte las puertas a nuevas oportunidades que ni siquiera sabías que existían.
- No conseguir tu trabajo soñado puede conducirte a una nueva y emocionante profesión que no creías posible.
- Ser rechazado por la persona que creías que era tu único amor verdadero puede hacer que conozcas a alguien aún mejor.

La vida no se rige por el todo o nada. Esta es una forma de pensamiento incorrecta. Cuando te des cuenta de que estás haciendo depender tu felicidad o tu valía de un único suceso, cosa o persona, toma nota de ello. Recuerda que *siempre* hay oportunidades esperándote ahí fuera. Y que no necesitas hacer o tener ninguna cosa en concreto para ser feliz. Si algo no funciona, otra cosa lo hará. Así que no pierdas nunca tu entusiasmo y evita castigarte a ti mismo cuando las cosas no vayan como esperabas. En vez de ello, sigue creyendo en ti mismo, apreciando todo lo que ya tienes y dando lo mejor de ti.

* * *

Actividad práctica

Utilizando tu guía de acción, revisa cada área de tu vida y fíjate en como podrías estar sucumbiendo en el pensamiento de todo o nada en cada una de ellas.

Patrón de pensamiento n.º 3—Dramatización. La dramatización consiste en imaginarte que las cosas son mucho peores de lo que realmente son. Todos exageramos las cosas de vez en cuando, ¿no es así? Hacemos una montaña de problemas que no son para tanto. Esto nos ocurre especialmente cuando estamos cansados, enfermos o un poco deprimidos. Sin embargo, la dramatización es un patrón de pensamiento incorrecto.

Imagina que tu jefe te ha gritado. Ahora te estás imaginando que te van a despedir. Antes de que puedas siquiera darte cuenta, has creado una película mental en la que te quedas en la calle, sin casa y sin trabajo. Te imaginas que tu mujer te abandona y te entra miedo. ¿No crees que todo esto es una exageración? Parece que te has saltado muchísimos pasos que deberían darse para que llegaras a encontrarte en esa situación.

Este tipo de pensamiento probablemente se debe a la forma en la que funciona nuestro cerebro. Nuestra mente está diseñada para darle mucho más peso a las amenazas potenciales con el fin de sobrevivir como especie.

Para sobrevivir y reproducirse, nuestros ancestros tenían que identificar todos y cada uno de los peligros. Si tenían dudas, asumían lo peor. Para ellos tenía más sentido confundir una rama con una serpiente que a la inversa.

Por desgracia, nuestras mentes siguen funcionando de la misma manera hoy en día. Así que, sé consciente de tu tendencia natural a imaginarte lo peor, agradece a tus antepasados—no estarías aquí de no ser por sus habilidades de supervivencia—y piensa de forma más racional y positiva. La mayoría de las cosas por las que te preocupas nunca llegarán a suceder.

Para aprender a controlar tus emociones de forma más efectiva y con más detalle, consulta mi libro *Domina Tus Emociones*.

* * *

Actividad práctica

Piensa en una ocasión en la que te preocupaste por algo que nunca llegó a ocurrir. Anótalo en tu guía de acción.

En resumen, para desarrollar un pensamiento adecuado debes ganar conciencia de todas las maneras en las que tu proceso de razonamiento podría estar equivocado. Cuando distorsionas la realidad mediante un pensamiento pobre e incorrecto, el resultado casi siempre es sufrimiento mental y un bajo rendimiento.

A continuación, vamos a ver qué puedes hacer en concreto para alinearte con la realidad de manera más efectiva y obtener resultados tangibles.

PART II

ALINEARTE CON LA REALIDAD

¿Desearías que el mundo fuera un lugar diferente, sin guerras ni pobreza?

Sin duda yo lo deseo.

Por desgracia, la realidad es que hay guerras y que cientos de millones de personas viven en la miseria. ¿Y si te dijera que las cosas son como son, aunque no sean como te gustaría que fueran? Ya te escucho preguntarme "Pero Thibaut, ¿cómo puedes sentirte bien sabiendo cómo está el mundo?"

Las personas sufren y esto es realmente una desgracia, pero también es la realidad.

La realidad simplemente *es*. Y negarse a aceptar este hecho no solo es una señal de locura, sino también de arrogancia. Es como decir que el mundo debería ser tal y como nos lo imaginamos solo porque eso es lo que *nosotros* queremos.

A decir verdad, la realidad nunca puede ser incorrecta. Nunca lo ha sido y nunca lo será. ¿Cómo podría no existir lo que realmente sí existe?

Ten paciencia y sigue leyendo. Entender el concepto de que la realidad no puede ser incorrecta es crítico, ya que, si no admitimos la realidad tal y como es, vivimos en un estado de negación. Y normalmente no surge nada constructivo de vivir en negación.

1

ACEPTAR LA REALIDAD TAL Y COMO ES

El primer paso para conseguir mejores resultados en cualquier área de tu vida es aceptar la realidad tal y como es. Dicho de otra manera, debemos cultivar el modelo de realidad más acertado posible. Porque, si tu modelo es erróneo, tomarás acciones ineficaces o incluso contraproducentes y, en el mejor de los casos, obtendrás resultados mediocres. En resumen, la mejor manera de jugar al juego de la vida es alinearte con la realidad. Para "ganar" en este juego debes conocer las reglas—o al menos tener una comprensión sólida de cuáles son. Esto empieza por aceptar la realidad y no pensar que debería ser de otra manera.

i. Debería vs. Es

No debería existir la pobreza. Todas las personas deberían ser tratadas por igual. Yo debería ganar más dinero. ¿Alguna vez has tenido estos pensamientos?

El problema de creer que las cosas *deberían* ser diferentes es que puede llevarte a un estado negativo. También puede hacer que ignores la realidad y vivas en un mundo ideal e imaginario en el que todos son felices y tienen éxito.

Ahora bien, no quiero decir que esté mal imaginarse un mundo mejor. Estoy absolutamente a favor de ello. Sin embargo, antes de ello, es importante que observes la realidad que hay delante de ti de forma sincera y objetiva. Ignorar la realidad no te ayudará a tomar las acciones apropiadas.

2. Debería vs. Podría

Un pensamiento más correcto es reemplazar la expresión "debería" por "podría". Mientras que "debería" implica que las cosas no son como se supone que deberían ser, "podría" ofrece posibilidades, no un juicio. Puedes elegir explorar estas posibilidades o rechazarlas.

Por ejemplo, si dices "debería estar trabajando", esto implica que hay algo incorrecto en la realidad actual, en la que no estás trabajando. Estás emitiendo un juicio de valor (que eres perezoso o que te falta disciplina porque no estás trabajando). Por otra parte, si dices "podría estar trabajando", aceptas la realidad de que ahora mismo no estás trabajando. También te estás invitando a trabajar si decides hacerlo. ¿Puedes ver la diferencia entre estas dos afirmaciones?

La cuestión es que puedes utilizar el "debería" tantas veces como quieras, pero eso no va a ayudarte. Solo te hará sentir culpable. Por lo tanto, empieza a darte cuenta de cuándo utilizas la palabra "debería". A continuación, intenta sustituirla por "podría" y fíjate en cómo te hace sentir. A continuación, te muestro ejemplos de cómo puede cambiar nuestro pensamiento en función de si empleamos el término "debería" o "podría":

- *Debería* estar casado Hay algo incorrecto en mí por el hecho de no estar casado.
- *Podría* estar casado A mi edad, muchas personas están casadas, pero yo no. Podría decidir casarme en algún momento del futuro, pero también podría decidir no casarme nunca si es algo que no deseo.
- *Debería* ganar más dinero Estoy haciendo las cosas mal porque no soy capaz de ganar más dinero. El mundo es injusto conmigo.
- *Podría* estar ganando más dinero No estoy ganando tanto dinero como me gustaría, pero hay cosas que puedo hacer,

44

empezando desde hoy mismo, para ayudarme a generar más ingresos en el futuro, tales como pedir un aumento, cambiar de trabajo o fundar mi propia empresa.

- No *debería* haber guerras El mundo está mal. Es un lugar violento. Debería ser pacífico.
- *Podría* no haber guerras Si trabajamos para desarrollar una sociedad más pacífica, puede que en el futuro las guerras lleguen a desaparecer o tengan lugar con menos frecuencia.

La conclusión es que, para desarrollar un modelo de realidad preciso, debes aceptar que las cosas son tal y como se supone que deberían ser ahora mismo, te guste o no.

Este es el primer paso: aceptar la realidad tal y como es.

Una vez que admites que las cosas son como son, puedes empezar a imaginarte un futuro mejor y a crear una hoja de ruta para mejorar las cosas que te gustaría que fueran diferentes.

* * *

Actividad práctica

Completa los siguientes ejercicios utilizando tu guía de acción:

- Escribe al menos tres afirmaciones con "debería" que utilices a menudo.
- Sustituye el "debería" por "podría".
- Fíjate en cómo te hace sentir esto y en cómo cambia tu proceso de pensamiento.

2

SACAR A LA LUZ TUS SUPOSICIONES

A. Identificar tus suposiciones

En la Parte I, hemos analizado cómo tus suposiciones incorrectas pueden llevarte a pensar de forma inadecuada y a desarrollar un modelo de realidad erróneo. Ahora vamos a ver con más detalle cómo identificar tus suposiciones para que puedas desarrollar objetivos concretos y alcanzables.

Cada vez que te marcas un objetivo en la vida, inmediatamente empiezas a realizar suposiciones acerca de lo que necesitas para lograrlo. Tus suposiciones pueden ser que este objetivo es poco realista y que nunca lo alcanzarás. O pueden sugerirte que necesitas hacer X, Y o Z para obtener un determinado resultado.

Por ejemplo, vamos a suponer que has escrito un libro y quieres que se convierta en un éxito de ventas. Tu primera idea puede ser anunciarlo en la televisión nacional. Piensas que así venderás miles de copias. O quizás crees que, como has invertido tanto tiempo y energía en escribir tu libro—y te preocupas tanto por tus lectores—, se venderán millones de copias. Solo es cuestión de tiempo que la gente descubra tus libros, ¿no?

Es decir, para cualquiera de tus objetivos, realizarás suposiciones iniciales sobre la mejor estrategia para alcanzarlo, pero estas suposiciones a menudo pueden ser incorrectas. ¿Qué crees que pasará si decides tomar acciones basándote en estas suposiciones poco acertadas? Desperdiciarás tu tiempo y tu energía y probablemente no lograrás tu objetivo. Por desgracia, esto es lo que hace la mayoría de la gente, normalmente sin ser consciente de ello.

Volvamos a nuestro ejemplo antes de escribir un libro éxito de ventas. Uno de mis amigos escritores acudió a un programa de la televisión nacional para promocionar su libro. Estaba entusiasmado y pensaba que esto causaría un pico en sus ventas. Sin embargo, el impacto en las ventas del libro fue imperceptible. Resulta que aparecer en televisión no era la solución mágica, al menos en este caso concreto. Otro amigo mío, también escritor, dedicó años a escribir su primer libro, esperando vender montones de copias debido a la gran calidad de su trabajo. Esto tampoco sucedió.

Lo que te quiero transmitir es que, antes de empezar a trabajar en cualquier objetivo, debes identificar todas tus suposiciones erróneas. A continuación, debes sustituirlas por otras más acertadas. Cuanto mejor se te de este "juego", más opciones tendrás de alcanzar tu meta.

* * *

Actividad práctica

Utilizando tu guía de acción, selecciona un objetivo importante para ti y haz una lista de todas las suposiciones que puedes estar haciendo sobre él. Ten en cuenta que seguiremos utilizando este objetivo en los próximos ejercicios.

Para ayudarte a identificar tus suposiciones, revisa estas preguntas:

- ¿Cuáles son tus suposiciones sobre las mejores maneras de lograr este objetivo?
- ¿Qué estrategias asumes que funcionarán y por qué?
- ¿Piensas que será fácil o difícil de conseguir? ¿Por qué?

- ¿Cuánto crees que te costará alcanzar este objetivo y por qué?

B. Evaluar tus suposiciones

Una vez que hayas identificado las suposiciones que estás haciendo respecto a tu objetivo, el siguiente paso es evaluar cada una de ellas para determinar cómo de acertadas son. No te preocupes si no estás seguro de lo correctas que son tus suposiciones. Trabajaremos en esto a lo largo del libro, pero, por ahora, vamos a trabajar en el proceso de evaluación. Y recuerda, no existen respuestas equivocadas.

* * *

Actividad práctica

- Repasa la lista de suposiciones que has escrito en tu guía de acción.
- Junto a cada una de ellas, escribe lo correcta que crees que es en una escala del 1 al 10 (siendo 1 completamente incorrecta y 10, cien por cien correcta).

3

PERFECCIONAR TU MODELO DE REALIDAD

En este punto del libro, ya debes de haber identificado tus suposiciones actuales. También debes de haberles dado a cada una de ellas una puntuación según lo acertadas que crees que son. El siguiente paso es cuestionar estas suposiciones y trabajar en implementar otras más correctas. A continuación, te muestro los pasos que puedes seguir para perfeccionar tu modelo de realidad:

- Revisar tus suposiciones.
- Agudizar tu pensamiento planteándote preguntas.
- Entrevistar a personas con experiencia.
- Realizar tu propia investigación.
- Tener curiosidad.
- Escuchar tus emociones.

A. Revisar tus suposiciones

Olvida tus suposiciones previas por un momento y empieza de nuevo. Para ello, pregúntate lo siguiente: "¿Qué sé realmente a ciencia cierta?" y "¿Qué es realmente cierto?".

Vamos a imaginar que te encanta escribir y que te gustaría dedicarte a ello a jornada completa.

Tu suposición original es que no puedes ganar suficiente dinero escribiendo. Necesitas un trabajo convencional o algunos negocios paralelos para pagar las facturas. Pero, ¿es cierta esta suposición? ¿Y cómo lo sabes? Vamos a investigar un poco para descubrirlo.

Si investigas un poco, descubrirás que la mayoría de escritores no ganan mucho dinero. De hecho, la mayoría de escritores que publican sus libros por su cuenta venden menos de 250 copias de sus libros. Para los autores con publicaciones tradicionales, las ventas pueden ser de unos pocos miles de copias.

Sin embargo, tu investigación también te dirá que miles de escritores sí que se ganan la vida exclusivamente con sus libros. De hecho, algunos logran ingresos de seis o incluso siete cifras al año. Aunque estos escritores representan una minoría en la población de autores, te muestran que es posible ganarse la vida con la escritura.

De acuerdo. Ahora ya sabes que miles de escritores viven de su escritura. ¿Son muchos los que lo consiguen? Considerando el número de aspirantes a escritores, no lo es. ¿Significa esto que deberías renunciar? No necesariamente. Significa que debes ser realista y trabajar con inteligencia.

Para perfeccionar más tu modelo, sigue ahondando en el tema preguntándote: "¿Qué sé a ciencia cierta acerca de estos escritores a tiempo completo?" A medida que los estudias, descubrirás puntos en común que te pueden ser útiles si decides convertirte en un escritor a jornada completa.

El mismo proceso de pensamiento es válido para cualquier otro objetivo.

Lo que quiero resaltar es que, cuanto más investigues, más información de calidad encontrarás y más probable es que tomes las acciones apropiadas para alcanzar tu objetivo. Recuerda, perfeccionar tu modelo de realidad te ayudará a reducir la suerte que requieres para conseguir los resultados que deseas.

En conclusión, el primer paso para mejorar tu modelo de realidad es preguntarte qué sabes. Después de esto, debes investigar tanto como sea necesario para encontrar las respuestas correctas que te ayuden a alcanzar tu meta.

* * *

Actividad práctica

En tu guía de acción, escribe tus respuestas a estas preguntas:

- ¿Qué sabes a ciencia cierta acerca de tu objetivo?
- ¿Cómo puedes estar tan seguro de ello?

B. Agudizar tu pensamiento planteándote preguntas

Otra manera de mejorar tu modelo de realidad es planteándote preguntas inteligentes que guíen tu pensamiento y mejoren tus resultados. En última instancia, la pregunta más importante a la que quieres encontrar respuestas es:

¿Cómo sé si mi objetivo es realista y si lo conseguiré o no?

Contestar la siguiente lista de preguntas te ayudará. Fíjate en el objetivo de antes o selecciona otro de tus objetivos principales y asegúrate de que contestas todas las preguntas en tu guía de acción.

Esta es la lista:

1) ¿Creo que lograré mi objetivo?

En una escala del 1 al 10 (siendo 1 nada seguro y 10, totalmente seguro), ¿cómo de seguro estás de que alcanzarás tu objetivo? Cuanto más seguro estés, mejor. Un mayor nivel de confianza en ti mismo te llevará a tomar más acciones y te ayudará a perseverar a pesar de los contratiempos.

Si tu respuesta es inferior a 7, ¿qué podrías hacer para aumentar tu confianza en ti mismo? ¿Podrías ajustar tu objetivo, modificarlo un poco o darte más tiempo para alcanzarlo? Si tu respuesta es 7 u 8, es un buen comienzo. ¿Qué podrías hacer para llegar al 9 o al 10?

En la *Parte III. Empoderar tu modelo de realidad*, examinaremos cómo puedes desarrollar una confianza sólida que te ayude a aumentar tu puntuación sobre lo seguro que te sientes de ti mismo.

2) ¿He alcanzado objetivos similares anteriormente?

Si ya has logrado algunos de tus objetivos principales en el pasado, confiarás más en tu capacidad de alcanzar tu objetivo actual. Si no lo has hecho, no te preocupes. A medida que sigas marcándote y logrando pequeños objetivos con regularidad, tu confianza irá aumentando. Con el tiempo, lograrás objetivos más y más grandes. Para saber más sobre este tema, consulta el apartado *Establecer objetivos diarios.*

3) ¿Qué me hace pensar que lograré este objetivo? ¿Qué evidencias concretas o resultados tangibles respaldan este pensamiento?

El mero hecho de estar persiguiendo tus objetivos significa que crees que tienes la posibilidad de alcanzarlos, pero, ¿qué te hace pensar de esa manera? ¿Cuáles son las evidencias?

Como ejemplo personal, una de las razones por las que decidí dedicarme a escribir a jornada completa es que obtuve fantásticas opiniones y mensajes de ánimo acerca de primer libro, *"Goal Setting"* (*Establecer Objetivos*). Esta es una de ellas:

"He leído tu libro sobre marcarse objetivos recientemente. ¡Maravilloso! Sigue así, tienes el don de sintetizar la información con una claridad cristalina."

Si la mayoría de la gente me hubiera dicho que mi libro no valía nada, puede que no hubiera llegado a convertirme en escritor.

Si llevas persiguiendo un objetivo desde hace años y aún no has recibido comentarios positivos de desconocidos ni de familiares o amigos, es poco probable que alcances tu objetivo, salvo que cambies tu aproximación.

Si estás ofreciendo un producto o servicio, los comentarios positivos no son suficientes. Lo que debes buscar es que los clientes:

1. Gasten su dinero que tanto les ha costado obtener en tu producto/servicio

y

1. Te den sus comentarios positivos.

Si logras ambas cosas, es probable que estés en el buen camino.

Así que, ¿cuáles son tus evidencias?

4) ¿La gente de mi entorno cree que lograré mi objetivo?

Cuanto más tiempo mantengas tu compromiso y mayor número de metas alcances, más probable es que la gente que te rodea te tome en serio. Si notas que estas personas no te apoyan, puede ser un signo de que necesitas aumentar tu confianza en ti mismo para que los demás también crean en tu historia. Una forma efectiva de conseguirlo es pasar más a la acción.

Si tus amigos o familiares siguen sin apoyarte a pesar de tus éxitos previos, quizás necesitas rodearte de personas más positivas. Veremos cómo hacer esto más detalladamente en la *Parte III. Empoderar tu modelo de realidad.*

5) ¿Dispongo de la energía y/o el tiempo necesarios para lograr este objetivo en este plazo de tiempo?

Para conseguir cualquier meta significativa, necesitas invertir una cantidad considerable de tiempo y energía. ¿Realmente puedes dedicar el tiempo y la energía suficientes a tu objetivo en este momento? Si no es así, considera revisar su alcance y/o marcarte plazos más realistas. Recuerda que se nos da muy mal determinar la cantidad de energía y tiempo que requieren nuestros objetivos.

6) ¿Cuántas personas han logrado este objetivo anteriormente? ¿Cuántas están intentando conseguirlo ahora?

Debes saber cómo de dura es la competencia. Cuantos más puestos vacantes haya, más fácil será triunfar. Por ejemplo, solo un pequeño número de personas pueden llegar a ser cantantes profesionales, pero decenas de miles pueden ser profesores o ingenieros. Si te adentras en un campo con salidas reducidas, prepárate para ello.

7) ¿Quién ha logrado este objetivo antes?

¿Conoces a otras personas que hayan logrado tu objetivo o uno similar? Si no es así, ¿puedes encontrar los mejores libros, cursos o ponencias de personas que lo hayan conseguido?

Recuerda, lo último que buscas es empezar todo el trabajo desde cero. Puedes invertir tu tiempo en cosas mejores.

8) ¿Por qué es importante este objetivo para mí?

¿Por qué persigues este objetivo y no otro? Las emociones son más importantes que la lógica. Cuántas más razones emocionales haya tras tu objetivo, más motivado estarás.

Por ejemplo, yo me sentía decidido a crear un negocio por Internet exitoso acerca del desarrollo personal por muchas razones. Los beneficios que más me atraían eran:

- Ser capaz de ganar dinero haciendo lo que me gustaba,
- Sentir que estaba teniendo un impacto positivo en el mundo,
- Tener la libertad de viajar por el mundo,
- Poder tomarme vacaciones cuando quisiera y
- Tener oportunidades de aumentar mis ingresos.

Cuando combinaba todas estas razones, me sentía muy motivado. ¿Qué hay de ti? ¿Por qué es tan importante tu objetivo para ti? Cuantos más motivos tengas para lograr tu objetivo, mejor.

9) Si sigo haciendo lo que estoy haciendo día a día, ¿lograré mis objetivos? Si no es así, ¿qué debo cambiar exactamente?

Esta es una gran pregunta y una que me gusta plantearme a mí mismo con frecuencia. Cuando te hagas esta pregunta, sé completamente sincero contigo mismo. Si te cuesta encontrar una respuesta, sigue perfeccionando tu modelo de realidad planteándote preguntas inteligentes, buscando ejemplos a seguir, reuniendo ejemplos prácticos, etc.

10) ¿Cuáles son las mejores estrategias/aproximaciones a seguir?

Sea cual sea el objetivo que estés intentando conseguir, suele haber diferentes tácticas que puedes probar. Por ejemplo, vamos a suponer que quieres encontrar clientes a los que asesorar. Podrías:

- Asistir a eventos para hacer contactos,
- Organizar cursillos gratuitos,
- Ofrecer sesiones gratuitas para promocionar tu programa de asesoramiento,
- Aumentar tu presencia en LinkedIn publicando contenido valioso en tu campo,
- Escribir un libro sobre el tema que dominas para llegar a clientes potenciales,
- Participar como invitado en podcasts de tu profesión,
- Crear un canal de YouTube para reunir a posibles clientes,
- Abrir una página de ventas y promocionarla con anuncios,
- Crear una página web y utilizar la optimización SEO para generar visitas desde motores de búsqueda.

Ahora bien, si pruebas todas estas estrategias a la vez, es probable que fracases. La mejor aproximación para ti dependerá de aspecto tales como:

- Aquello que crees que será más efectivo en base a tu propia investigación,
- Lo que más te gusta hacer y
- Aquello que se te da bien.

Por ejemplo, si eres extrovertido, puede que disfrutes creando vídeos para YouTube, asistiendo a eventos para ganar contactos u organizando cursillos. Por otro lado, si eres introvertido, puede que prefieras poner anuncios o escribir contenido en Internet.

11) ¿Qué me recomienda hacer mi intuición?

Si relajas tu mente y escuchas a tu intuición, puedes encontrar respuestas a estas preguntas. Por ejemplo, puede que experimentes una sensación de preocupación que te diga que una estrategia en concreto no es adecuada para ti. O puedes sentir que estás haciendo exactamente lo que tienes que hacer. Practica a escuchar tu voz interior. La intuición suele ser una combinación de tus valores, tu ética y tus fortalezas comunicándose contigo y sugiriéndote el mejor camino a seguir.

Contestar estas preguntas te permitirá diseñar una aproximación más efectiva para abordar tus objetivos.

* * *

Actividad práctica

Responde las cuestiones anteriores y escribe las respuestas en tu guía de acción.

C. Entrevistar a personas con experiencia

El tercer paso es reunir información de personas con conocimientos sobre el tema. La clave es preguntarles cuestiones inteligentes que te ayudarán a mejorar tu modelo.

Aquí tienes algunos ejemplos de preguntas.

1) ¿Cómo funciona?

Por ejemplo, ¿cómo funcionan las cosas en tu empresa? Esto te ayudará a entender mejor la visión global. Tener una comprensión decente sobre cómo funcionan las cosas te ayudará a tomar mejores decisiones y evitará que te pierdas en los detalles. Lo que buscas es obtener una visión del bosque, no de un árbol en concreto.

2) ¿Cuáles son tus suposiciones más importantes? ¿Y cómo sabes que son correctas o efectivas?

Al preguntarles a los expertos cómo saben que sus suposiciones son correctas, tendrán que explicarte su proceso de pensamiento, ofreciéndote una visión más profunda de su modelo de realidad. Ten en cuenta que seguramente les costó años refinar su modelo, tanto a través del conocimiento teórico como de su experiencia real. Por lo tanto, debe ser mucho más correcto que el tuyo.

Consejo adicional: Solo porque tengan mucha experiencia no significa que su modelo de realidad sea correcto al cien por cien. Algunas de sus suposiciones pueden ser erróneas. Por ello, es una buena idea entrevistar a muchas personas para tener una visión global lo más amplia posible.

3) ¿Qué cosas puede que desconozca y necesito saber?

Esta pregunta le ofrecerá al entrevistado la oportunidad de mencionar cualquier cosa que pueda haber olvidado explicarte. Además, te servirá para asegurarte de que no estás dejando de lado nada importante y te ayudará a evitar cometer errores de novato.

4) ¿Qué harías si estuvieras en mi lugar?

Esta pregunta te permitirá recibir consejos más prácticos. Al invitarle a pensar desde una perspectiva diferente, el experto puede proporcionarte más información valiosa.

5) ¿Cómo has llegado hasta donde estás ahora?

Esta cuestión te ayudará a concentrarte en aquello que el experto considera clave para su éxito. Sin embargo, al igual que antes, esto no significa que esta persona esté en lo cierto al cien por cien. Para ir un paso más allá, puedes preguntar por qué cree que es importante cada factor y cómo sabe que es importante.

6) Si tuvieras que empezar de nuevo desde el principio, ¿qué cambiarías para generar éxito con más rapidez?

Esta pregunta llevará a tus entrevistados a identificar los factores clave que les han conducido a su éxito con más detalle. Para concretar las pocas actividades esenciales que han generado y continúan generando resultados tangibles, tendrán que reflexionar más detenidamente sobre ello.

7) Si tuvieras que elegir una sola actividad en la que centrarte, ¿cuál te ofrecería los mejores resultados?

La gente tiende a dedicarse a muchas cosas en vez de centrarse en unas pocas actividades esenciales. Esta pregunta ayudará a tu entrevistado a seguir identificando aquello realmente importante, ofreciéndote información adicional en el proceso.

Si no puedes preguntarles directamente a expertos, puedes ver entrevistas suyas en Internet, leer autobiografías, etc., para buscar las respuestas a estas preguntas. Esto nos lleva a nuestro siguiente punto.

* * *

Actividad práctica

Completa al menos uno de los siguientes ejercicios (y preferiblemente, ambos):

- Pregunta las cuestiones anteriores a una persona o varias personas relevantes y escribe las respuestas en tu guía de acción.
- Mira entrevistas y/o lee biografías e intenta responder las preguntas anteriores basándote en la información que has reunido.

D. Realizar tu propia investigación

El siguiente paso es llevar a cabo una investigación extensa que incluya buscar ejemplos prácticos y encontrar información de la más alta calidad posible. Para ello, empieza por preguntarte cuál es la información de más calidad disponible.

Puede que sean uno o dos libros escritos por los mayores expertos en ese ámbito. O los artículos de investigación publicados por universidades prestigiosas. O a lo mejor es un curso creado por la autoridad número uno en tu campo de interés. La clave es buscar la información de una manera estratégica. Si no lo haces, te arriesgas a:

- Sentirte sobrepasado y agobiado por todo el océano de información disponible y

- Consumir información de poca calidad que puede hacer que te equivoques o impedir que logres resultados positivos tangibles.

Dedicar un momento a identificar la estrategia correcta te ahorrará tiempo y energía en el camino. Por ejemplo, cuando yo estaba persiguiendo mi meta de convertirme en escritor a tiempo completo, leía libros de algunos de los autores independientes con más éxito. Uno de los consejos que extraje de ellos fue: la mejor estrategia de publicidad es escribir otro libro. Muchos autores independientes de éxito publican libros con regularidad. A menudo deciden escribir otro libro al revisar uno anterior. Así que decidí hacer lo mismo.

Esto no quiere decir que todo el mundo deba hacer lo mismo. Algunos escritores pueden elegir dedicar la mayor parte de su tiempo a publicitar uno de sus libros existentes para organizar una conferencia o vender sus productos o servicios. Esta también puede ser una estrategia efectiva.

Anteriormente, hemos visto que, aunque la mayoría de escritores no ganan mucho dinero, algunos de ellos sí que obtienen unos buenos ingresos por su escritura. Si seguimos investigando, nos encontraremos con un grupo de Facebook llamado 20BooksTo50k©. Este grupo está formado por unos 35.000 escritores, algunos de ellos escritores a tiempo completo. Ser miembro de este grupo, leer las publicaciones más valoradas y tomar acciones en consecuencia nos orienta entre la multitud.

La investigación minuciosa es crucial. Te dará una ventaja sobre la competencia. Sin importar lo competitivo que sea tu campo, solo una parte de los "concursantes" hará el esfuerzo de encontrar la información correcta. De entre estas personas, solo una minoría actuarán basándose en la información que han encontrado y tendrán la mentalidad necesaria para triunfar. Esto no quiere decir que tengas garantizado lograr tu objetivo, sino que hay muchas cosas que *puedes* hacer para incrementar tus probabilidades de éxito. Y realizar tu propia investigación detallada es un buen comienzo.

Así que, cuando se trate de conseguir tus mayores objetivos, no dejes nada de lado. Haz todo lo que esté en tu poder para reunir la información correcta y cultiva el modelo de realidad más preciso posible.

En la Parte III de este libro, *Empoderar tu modelo de realidad*, examinaremos qué cosas en concreto puedes llevar a cabo para optimizar tu modelo y maximizar tus probabilidades de éxito.

Para aprender más sobre este tema, también puedes consultar mi libro *"Success is Inevitable"* (*El Éxito es Inevitable*).

A continuación, vamos a ver cómo puedes encontrar la información adecuada para perfeccionar tu modelo de realidad.

1. Cómo encontrar información de alta calidad

Como dice el dicho, "si entra basura, saldrá basura" (*garbage in, garbage out*). Para cerciorarte de que construyes el modelo de realidad más correcto posible, necesitas unos fundamentos sólidos. Es decir, debes reunir la información de la máxima calidad disponible.

Para ello, te invito a tener presente la jerarquía de la información que detallé en *Domina Tu Concentración*, el tercer libro de la colección "Domina Tu(s)...". A rasgos generales, la información puede provenir de las siguientes fuentes (ordenadas de menor a mayor calidad):

- **Blogs / artículos / vídeos de YouTube.** Te aportan consejos, pero suelen quedarse en la superficie o carecer de estructura, haciendo que sea difícil obtener resultados a largo plazo con la información que presentan.
- **Cursos gratuitos.** Ofrecen un poco más de información y de una manera algo más estructurada.
- **Libros.** Pueden ofrecer información muy detallada pero solo son realmente efectivos si el lector completa los ejercicios recomendados.
- **Cursos en línea de pago.** Ofrecen información detallada de una manera estructurada, aumentando las probabilidades de que los estudiantes pongan en práctica lo aprendido. Además, como son de pago, la gente tiende a aplicar más lo que aprende y está más dispuesta a

aprovechar al máximo su inversión para lograr los resultados que busca.

- **Cursos superiores.** Pueden ofrecer información detallada de alta calidad y bien estructurada. También pueden ofrecer sesiones de tutorías en grupo y otras actividades que refuerzan el compromiso y la responsabilidad. Animan a los alumnos a pasar a la acción debido a su alto precio inicial.
- **Tutorización.** Esto permite a los estudiantes absorber años de conocimiento mediante la interacción cara a cara con un tutor altamente experimentado. Los beneficios incluyen: reducción considerable de la curva de aprendizaje, implementación de una estrategia altamente efectiva y un cambio poderoso en la mentalidad del estudiante.
- **Grupos de expertos.** Permiten a los estudiantes aprender de personas exitosas con objetivos similares a los suyos y un amplio conocimiento. Generan responsabilidad y mejoran la motivación. Los grupos de expertos creados por los mejores del sector pueden ser muy caros, pero nada te impide crear tu propio grupo gratuito.
- **Formación individualizada.** Permite a los estudiantes trabajar de forma individual con un experto y recibir sus comentarios de forma inmediata, así como recomendaciones altamente personalizadas. Estas sesiones son una de las mejores estrategias y generan una fuerte responsabilidad.

Para tus objetivos más importantes, te recomiendo comprar cursos de pago o trabajar con un asesor o mentor. Decidas lo que decidas, busca maneras de reducir tu curva de aprendizaje.

* * *

Actividad práctica

Utilizando tu guía de acción, contesta la siguiente pregunta:

¿Cuál es la información de mayor calidad disponible y dónde puedes encontrarla?

A continuación, vamos a ver cómo puedes asegurarte de que la información que buscas no solo es de alta calidad, sino también relevante para tu situación.

2. Cómo encontrar la información apropiada para *ti*

Encontrar información de alta calidad no es suficiente. Es incluso más importante asegurarse de que esta información es lo que *realmente necesitas* ahora mismo y que funcionará para *ti*. Para ello:

- Asegúrate de que tienes un objetivo claramente definido,
- Comprende cómo se aplica la información a tu caso en concreto y
- Cerciórate de que la información está actualizada.

a. Asegúrate de que tienes un objetivo claramente definido

Lo primero que debes hacer antes de reunir información relevante es saber lo que estás buscando. ¿Por qué necesitas esta información en primer lugar?

¿Quieres aprender más sobre la teoría o necesitas conocimientos prácticos para continuar? ¿Buscas conocimientos profundos sobre un tema en el que ya tienes experiencia o quieres información fácil de digerir para iniciarte en un tema?

La información que necesitas variará en función de tus objetivos y de tu experiencia inicial. Por lo tanto, ser consciente de lo que estás intentando conseguir no solo te ayudará a encontrar la información correcta, sino también a asegurarte de que es la información adecuada para *ti* en este momento.

* * *

Actividad práctica

Utilizando tu guía de acción, contesta las siguientes preguntas:

- ¿Cuál es mi objetivo exactamente? ¿Qué espero crear

mediante esta información? Por ejemplo, podría ser escribir un artículo de investigación, empezar una nueva dieta o enseñarle un concepto a alguien.

- Si pudiera obtener la información ideal que me garantizara lograr mi objetivo, ¿cómo sería esta información? ¿Cómo estaría estructurada? Estas cuestiones te ayudarán a identificar la información que realmente necesitas y descubrir la mejor estrategia para encontrarla (por ejemplo, preguntarle a un amigo, consultar unos documentos en concreto, visitar páginas web de interés, etc.).

b. Comprende cómo se aplica la información a tu caso en concreto

Uno de los problemas de cualquier información es que la fuente, ya sea una persona o una organización, siempre está inevitablemente sesgada. El creador de cualquier contenido tiene sus propias experiencias vitales, valores, personalidad y motivaciones. Por ello, sus recomendaciones podrían no ser lo que necesitas ahora mismo. Al fin y al cabo, tú también tienes tus propias experiencias, valores, personalidad y objetivos.

Por lo tanto, porque alguien hable de lo que parece una oportunidad irrepetible en la vida durante un cursillo, no significa que debas lanzarte a este proyecto, sin importar lo emocionante que parezca en ese momento. En vez de ello, deberías dedicar tiempo a seleccionar objetivos que concuerden con tus valores, pasiones, misión personal y/o puntos fuertes innatos. De otra manera, las oportunidades que persigues seguramente no funcionarán para ti.

A continuación, te muestro un par de preguntas que pueden ayudarte a seleccionar la información que puede aplicarse en tu caso concreto.

¿La estrategia o consejo recomendados se aplican en mi caso concreto?

En otras palabras, ¿cuentas con la experiencia, fortalezas o la personalidad necesaria para que este método funcione bien para ti? Una estrategia puede ser efectiva para otros y no para *ti*—o al menos no en este momento.

Puede que la metodología recomendada resalte tus debilidades en vez de aprovechar tus puntos fuertes. Por ejemplo, puede que tengas un don para escribir pero que se te de mal hablar. En este caso, llamar en frío a tus clientes para hacer crecer tu negocio puede no funcionar para ti. O quizás te falta la experiencia necesaria para conseguir que una determinada estrategia funcione. Si es así, puede que necesites más información de base antes de progresar hacia estrategias más avanzadas.

¿Realmente deseo poner en práctica lo que he aprendido?

Si por cualquier razón no te sientes motivado, determina si la aproximación que estás tomando es la adecuada para ti. Puede que sea lo que crees que *deberías* hacer más que lo que *quieres* hacer. O puede que te parezca que la estrategia no es ética, lo que te genera una resistencia interna que te impide avanzar. Además, cuando sea necesario, revisa tu estrategia o modifica tu objetivo. Obligarte a progresar en un objetivo que no te inspira o que no concuerda con tus valores principales te conducirá, en la mayoría de los casos, a renunciar tarde o temprano.

* * *

Actividad práctica

Contesta la siguiente pregunta en tu guía de acción:

- ¿La estrategia, programa o consejo se aplica en mi caso concreto?
- ¿Deseo poner en práctica esta información? Si no es así, ¿por qué no? ¿Qué cambios necesito hacer?

c. Cerciórate de que la información está actualizada

La información puede estar desactualizada cuando la lees y darte cuenta de ello no siempre es sencillo. Por ejemplo, en mi profesión, los autores que vendían montones de libros hace cinco años pueden estar ofreciendo cursos desactualizados. Estos cursos pueden confundir a muchos aspirantes a escritores. Seguro que pueden contener información útil, pero las partes obsoletas del curso también pueden impedir que el aspirante a escritor desarrolle un modelo de realidad correcto—*correcto hoy en día.*

Debes asegurarte de que la información que consumes sigue siendo relevante y válida en la actualidad. Si no lo es, puede agobiarte y confundirte. En muchos casos, la información relacionada con la tecnología puede quedarse obsoleta rápidamente. Por ejemplo, las estrategias de publicidad por Internet que funcionaban hace seis meses pueden no funcionar bien hoy.

Cuando consumas información, fíjate en la fecha en la que se creó. Después, pregúntate si aún es relevante. Recuerda, la información equivocada puede llevarte a tomar acciones poco efectivas que te impidan lograr tus objetivos. Para mejorar la precisión de tu modelo de realidad, haz un esfuerzo consciente para reunir la información más reciente que sea relevante para *ti.*

* * *

Actividad práctica

Para asegurarte de que la información está actualizada, puedes plantearte algunas de las siguientes preguntas utilizando tu guía de acción:

- ¿Esta información sigue siendo relevante hoy?
- ¿Cómo puedo asegurarme de que realmente sigue siendo importante?
- Si desconozco la respuesta a estas preguntas, ¿conozco a alguien que pudiera responderlas?

Consejo adicional: cómo evitar sentirse sobrepasado

Con el volumen de información al que podemos acceder rápidamente en la actualidad, es fácil sentirse perdido. Sentirse sobrepasado suele ser un signo de que deberías hacer una pausa y reflexionar. Podría ser una invitación a reevaluar tu estrategia global, reconectar con tu visión original o reorganizar tus fuentes de información o sistemas de clasificación. Por lo tanto, cada vez que te sientas sobrepasado, tenlo en cuenta. Generalmente es indicativo de que estás consumiendo más información de la que puedes digerir en este momento. Si es así, sigue estos pasos:

- Detén lo que estés haciendo,
- Da un paso atrás y céntrate de nuevo en la visión global,
- Identifica lo que estás intentando conseguir y cómo debería ser el resultado final y
- Establece cuál es la información concreta que necesitas para alcanzar tu objetivo.

Te recomiendo tomar lápiz y papel para contestar las preguntas anteriores.

E. Tener curiosidad

Para perfeccionar tu modelo de realidad, debes buscar constantemente información nueva que te pueda ayudar a lograr tus objetivos. Esto no significa que debas caer en el Síndrome del Objeto Brillante y saltar de una información potencialmente emocionante a la siguiente. Pero sí que implica que deberías observar las tendencias y seguir de cerca lo que están haciendo las personas con éxito en tu área de interés. Para alcanzar metas exigentes, debes estar dispuesto a convertirte en la persona con más conocimientos en tu campo. Por ello:

- Si quieres ganar dinero con tu arte, aprende todo lo que necesites sobre la manera de conseguirlo.
- Si quieres ser un asesor, aprende todo lo que puedas sobre esta profesión.
- Si quieres ser empresario, aprende todo lo que puedas sobre negocios.

Aunque estos consejos son de sentido común, no siempre son la práctica habitual. Para construir un modelo de realidad adecuado que genere resultados tangibles, debes profundizar y seguir adquiriendo conocimientos e información clave. Los expertos siempre están aprendiendo más. Nunca dejan de mejorar sus habilidades. Irónicamente, aunque ellos son probablemente los que menos lo necesitan, son los que más estudian.

Así que, empieza a convertirte en un experto en tu campo tú también. Ten curiosidad acerca de tus objetivos. Aprende tanto como puedas. Busca las mejores aproximaciones y estrategias. Identifica las áreas en las que puedes mejorar. Nunca asumas que ya lo sabes todo. En vez de ello, sigue exigiéndote más e inevitablemente acabarás mejorando y avanzando hacia tus metas.

Evita también realizar suposiciones prematuras. Durante el proceso de alinearte con la realidad, es esencial que sigas experimentando y que mantengas la mente abierta. Cuando se trata de vender productos o servicios, uno de los mayores errores que veo es cuando la gente proyecta su forma de pensar en los demás. Por ejemplo, estos individuos pueden asumir que una determinada estrategia de publicidad no funcionará en los demás porque no funciona en ellos. Esta es una suposición peligrosa. Lo más inteligente es realizar el menor número de suposiciones posible, mantener la curiosidad y experimentar con nuevas ideas de forma regular.

Por ejemplo, cuando Amazon abrió su plataforma de anuncios en Alemania, yo empecé a promocionar allí mis libros escritos en inglés inmediatamente. Esperaba ganar entre 50 y 100 $ adicionales al mes. No esperaba ganar mucho porque aún no había traducido mis libros al alemán. El primer mes gané unos 1.000 $ en ventas. Mientras tanto, vi escritores en grupos de Facebook que seguían preguntándose por qué deberían preocuparse por anunciar sus libros escritos en inglés en Alemania. Lo mejor que podemos hacer es probar. En vez de suponer, deberíamos experimentar.

- ¿Crees que a esa persona no le interesas? Ve y pregúntale.
- ¿Piensas que tu jefe no te concederá un ascenso? Pídele uno.
- ¿Crees que tu cliente no pagará por servicios adicionales? Ofrece servicios extra y mira qué ocurre.

Las suposiciones pobres llevan a acciones poco efectivas (o a ninguna acción), generando resultados escasos. Así que nunca dejes de experimentar. Ten la mente abierta y verifica las suposiciones que puedas tener pasando a la acción y evaluándolas.

* * *

Actividad práctica

Mantén tu curiosidad realizando las siguientes actividades:

- Mantente actualizado revisando nuevas publicaciones de forma regular.
- Identifica a los expertos en tu área y sigue sus acciones.
- Cuestiona tus suposiciones periódicamente y revisa tu estrategia cuando sea necesario.
- Piensa en cómo puedes aplicar ideas o estrategias de áreas que no están relacionadas con tu objetivo.
- Fíjate en las tendencias y practica a predecir que podría pasar en los próximos años.

F. Escuchar tus emociones

Solo porque una respuesta sea lógica no significa necesariamente que sea lo que deberías estar haciendo. Los seres humanos tendemos a ser más emocionales que racionales. Con frecuencia tomamos decisiones basadas en nuestras *emociones* más que en la *lógica*.

¿Por qué es importante esto?

Porque, para alcanzar cualquier objetivo en tu vida, debes asegurarte de que tienes unas razones emocionales fuertes por las que quieres lograrlo. La lógica por sí sola no será suficiente. Por ejemplo, puedes encontrar una oportunidad de negocio que te podría generar mucho dinero. Sin embargo, si no te sientes atraído por ella, no realizarás las acciones necesarias para tener éxito.

Ten cuidado con las ideas que parezcan buenas sobre el papel. Personalmente, no solo me fijo en la actividad más rentable o en lo que la gente de mi entorno me dice que debería hacer. Me centro en las actividades que realmente me entusiasman. Si algo me ilusiona, seré capaz de adherirme a esta actividad durante el tiempo suficiente para lograr resultados con el tiempo. En cambio, si decido hacer algo solo por la recompensa económica o porque es lo que otros me recomiendan, probablemente me rendiré antes de completarlo.

Por ejemplo, un asesor de negocios le dijo a uno de mis clientes, un productor de cine, que creara anuncios de televisión para generar más dinero para su empresa. En aquel momento, esto parecía completamente razonable, ya que los anuncios de televisión estaban bien pagados y al productor no le costaría demasiado tiempo realizarlos. Pero, ¿sabes qué? Mi cliente nunca se dedicó a ello. ¿Por qué? Porque no estaba interesado en los anuncios de televisión.

El mensaje es que debes tener en cuenta cómo te sientes acerca de un objetivo en particular. Puedes tener todo el apoyo del mundo y la mejor información disponible, pero, si no estás motivado, nunca conseguirás tu objetivo y solo acabarás desperdiciando tu tiempo y tus recursos.

* * *

Actividad práctica

Utilizando tu guía de acción, contesta las siguientes preguntas:

- ¿Cómo de motivado te sientes por tu objetivo?
- ¿Qué podrías hacer para mejorar tu motivación? ¿Podrías replantear tu objetivo, encontrar otras razones que te motiven más o cambiarlo por completo?

En resumen, para perfeccionar tu modelo de realidad:

1. Cuestiona tus suposiciones e identifica qué es realmente cierto y qué no.
2. Plantéate preguntas inteligentes que guíen tu pensamiento y mejoren tus resultados.

3. Entrevista a personas expertas en tu campo.
4. Busca la información de la mayor calidad posible mediante una investigación meticulosa.
5. No hagas suposiciones. Sigue experimentando y probando siempre. Ten curiosidad. Evita realizar suposiciones incorrectas.
6. Escucha tus emociones. Cómo te sientes es más importante que aquello que crees que deberías hacer.

Recuerda, cuanto más alineado con la realidad estés, mejores resultados podrás obtener.

4

EVITAR ERRORES DE CONCEPTO Y FALSAS ILUSIONES

¿De verdad estás esforzándote todo lo necesario para alcanzar tu objetivo o solo crees que lo estás?

Para lograr objetivos ambiciosos, debes estar dispuesto a enfrentarte con la realidad. Deberías intentar alinearte continuamente con la realidad y preguntarte si tu estrategia y tu nivel de acción concuerdan con tu sueño. Por desgracia, muchas personas tienen errores de concepto que les impiden tomar las acciones necesarias para conseguir sus objetivos. En esta sección, repasaremos cuatro de los errores más comunes.

- Error n.º 1—Me merezco tener éxito.
- Error n.º 2—Estoy haciendo un buen trabajo, por lo que debería tener éxito.
- Error n.º 3—Estoy tan solo a un paso de...
- Error n.º 4—Ya soy lo suficientemente bueno y no necesito mejorar.

Error n.º 1—Me merezco tener éxito

Muchas personas tienen la mentalidad de que merecen que les pasen cosas buenas. Estos individuos creen que merecen tener un trabajo emocionante, una buena salud y una buena dosis de felicidad y éxito. A veces también creen que deberían ser recompensados de alguna manera solo porque se preocupan por una determinada causa.

Cuando empecé a autopublicar libros, me ilusionaba tener la oportunidad de ayudar a los demás ofreciéndoles consejos prácticos y conocimientos sobre desarrollo personal. Me preocupaba por mis lectores tanto como los escritores independientes exitosos en mi campo. En consecuencia, me merecía ganar dinero, ¿no es así?

Falso.

Solo porque nos importe una causa no significa que nos merezcamos una recompensa. Por supuesto, preocuparse por algo es el primer paso para crear productos o servicios valiosos que puedan generar ingresos a medio y largo plazo. Pero no es suficiente. El segundo paso es realizar acciones e invertir el tiempo y energía necesarios para alcanzar nuestro objetivo.

Si nos preocupamos por la gente y estamos realmente comprometidos a marcar la diferencia en el mundo, deberíamos hacer todo lo necesario para conseguirlo. Debemos mostrarle al mundo lo que significa nuestro negocio. Solo porque nuestras intenciones sean nobles no significa que merezcamos triunfar.

Así que, ¿cuál es tu nivel de compromiso con tus objetivos? ¿Qué estás dispuesto a hacer para lograrlos?

Error n.º 2—Estoy haciendo un buen trabajo, por lo que debería tener éxito.

Producir un trabajo de alta calidad no te garantiza tener éxito en tus proyectos. Muchos pintores, escritores y cantantes con talento, así como inventores brillantes, seguirán siendo desconocidos para el mundo durante el resto de sus vidas.

Una escritora se quejó de que su libro sobre economía no se estaba vendiendo bien. Aun así, ella creía que era mejor que el libro *Padre Rico, Padre Pobre*, el número uno en el campo. El autor, Robert T. Kiyosaki le dijo que él era un escritor líder en *ventas*, no líder en *escritura*. Puede que su libro no fuera el mejor escrito, pero sí que se había publicitado de una manera efectiva, generando unas ventas muy buenas. Es decir, hacer un gran trabajo es importante, pero suele ser insuficiente. También necesitas promocionar tu trabajo de forma efectiva si deseas que tenga impacto.

Además, no se trata de crear un buen trabajo una vez. Debes producir trabajo de calidad con regularidad. Por ejemplo, solo una pequeña minoría de escritores tienen éxito con su primer libro, sin importar lo bien escrito que pueda estar. Sin embargo, los escritores que publican libros frecuentemente y los promocionan bien pueden lograr el éxito incluso aunque su libro no sea el mejor de todos.

Error n.º 3—Estoy tan solo a un paso de...

Después de todos esos años de trabajo duro, estás solo a un paso de "conseguirlo". ¿Seguro?

El problema es que llevas años en esta misma situación. Cada vez que has lanzado un nuevo producto, servicio o campaña de publicidad has creído que por fin lograrías el reconocimiento que te mereces. Pero ese logro tan esperado nunca ha llegado.

La verdad es esta. Si llevas demasiado tiempo "a un paso" de lograr tu objetivo, es probable que estés lejos de tener éxito. Puede que ese paso que esperas no llegue pronto (si es que alguna vez lo hace). No me malinterpretes, la paciencia y la perseverancia son esenciales. Pero eso no significa que la paciencia y la perseverancia tengan que funcionar en tu situación actual.

En este punto es cuando el tema puede parecer confuso. Yo creo que la clave para saber si deberías continuar el mismo camino o no es examinar tu situación de la manera más objetiva posible. Para ello, pregúntate algunas de las siguientes cuestiones:

- ¿Qué me hace creer que acabaré alcanzando mi objetivo si sigo haciendo lo que estoy haciendo? ¿Qué pruebas concretas lo demuestran?
- ¿Cuánto tiempo llevo trabajando en este objetivo en particular? ¿Y por qué no he conseguido ese primer logro que necesito antes?

- ¿Qué resultados tangibles he obtenido y qué metas clave he alcanzado hasta el momento? ¿Cómo de importantes son en términos de indicarme que estoy en el camino correcto y que debería continuar?
- ¿Realmente estoy invirtiendo todo el tiempo y energía necesarios para lograr mi objetivo? ¿Estoy haciendo lo que hacen las personas con éxito en mi campo? Si no es así, ¿qué podría empezar a hacer o qué podría hacer de forma diferente?

Si piensas que estás a punto de lograr ese primer avance que has estado esperando, comprueba que realmente es así. Si no, te arriesgas a desperdiciar aún más tiempo.

Error n.º 4—Ya soy lo suficientemente bueno y no necesito mejorar

Pensar que ya eres bueno en lo que haces no significa que esto sea cierto. A lo mejor no eres tan bueno como crees. Cuando empecé mi blog en 2014, pensaba que mis artículos eran geniales. Pero cuando leí algunos de ellos unos pocos años después, me sentí decepcionado. Veía muchos problemas que antes no era capaz de identificar.

Es por ello que siempre deberías intentar mejorar. Los números uno, ya sean atletas, cantantes o actores, se esfuerzan continuamente por mejorar. ¿Por qué no deberías hacerlo tú también? Si tu objetivo es tan importante para ti, haz lo que sea necesario para dar lo mejor de ti.

En resumen, la mayoría de los errores de concepto se deben a dos factores principales:

1. Arrogancia / orgullo. Asumimos que nos merecemos el éxito y pensamos que somos mejores que los demás o creemos que no deberíamos tener que trabajar tan duramente.
2. Falsas ilusiones. Tenemos expectativas no realistas y no comprendemos qué se necesita para lograr los objetivos que buscamos.

Para librarse de estos errores, debemos ser humildes y estar dispuestos a aprender de nuestros errores. Debemos apartar nuestro ego y escuchar todos los comentarios que recibamos. A continuación, debemos agudizar nuestro razonamiento y tomar acciones consistentes que nos hagan progresar hacia nuestras metas, sustituir las falsas ilusiones por expectativas realistas y generar una confianza en nosotros mismos auténtica que provenga de la experiencia real (puedes consultar también la sección *Cómo afecta tu ego a tu pensamiento*).

* * *

Actividad práctica

En una escala del 1 al 10 (siendo 1 irrelevante y 10, muy importante), evalúa cómo se aplica cada uno de estos cuatro errores en tu situación concreta. Escribe tus respuestas en tu guía de acción.

5

CÓMO DISEÑAR UN PROCESO EFECTIVO

Ahora que ya has perfeccionado tu modelo de realidad, debes establecer un proceso efectivo que te ayude a conseguir tu(s) objetivo(s). Un proceso efectivo es aquel que te llevará a alcanzar tus objetivos o, al menos, a maximizar tus probabilidades de éxito si lo cumples de manera regular (generalmente, a diario).

Aquí te muestro una buena pregunta para ayudarte a entender si tu proceso es el adecuado:

"Si sigo haciendo lo que estoy haciendo hoy o esta semana, ¿llegaré a alcanzar mi objetivo?"

Si tu respuesta es "no" o "no estoy seguro", puede que necesites mejorar tu proceso.

Para implementar un proceso efectivo, debes identificar las tareas clave que te permitirán avanzar desde donde estás ahora hasta a donde te gustaría estar en el futuro. A veces, estas tareas son muy claras—para mí, es escribir—y otras veces no lo son.

En su libro *Hábitos de Alto Rendimiento*, Brendon Burchard habla de los "cinco grandes movimientos". Su argumento principal es que suelen existir cinco grandes proyectos o tareas que, una vez se completan con éxito, permiten a la gente alcanzar su objetivo.

Cuando decidió convertirse en el autor líder en ventas del New York Times, Burchard entrevistó a varios escritores líderes en ventas para identificar qué habían hecho en concreto para lograrlo. Tras esto, concluyó que él debía centrarse en las siguientes tareas:

1. Acabar de escribir un buen libro,
2. Autopublicar el libro o acudir a una agencia para un contrato más amplio de publicación,
3. Empezar a publicar blogs y artículos en las redes sociales y utilizarlos para crear una lista de correos electrónicos,
4. Abrir una página web para promocionar el libro y ofrecer buenos incentivos para animar a la gente a comprar el libro y
5. Encontrar entre cinco y diez personas con una gran lista de contactos para promocionar el libro.

Centrándose en estas cinco grandes acciones, él fue capaz de convertir su libro *El Mensajero Millonario*, en un éxito de ventas en el New York Times.

Ten en cuenta que un proceso efectivo no es lo mismo que un proceso sencillo. Algunos de tus movimientos clave pueden ser fáciles, mientras que otros pueden ser realmente complejos. Por ejemplo, escribir un buen libro es más fácil de decir que de hacer. Y encontrar entre cinco y diez personas con influencia para promocionar tu libro puede ser increíblemente difícil, especialmente si acabas de iniciarte en el campo. No obstante, saber en qué debes centrarte te permitirá dirigir la mayor parte de tu tiempo y tu energía a las actividades realmente importantes.

La conclusión es que, sean cuales sean tus objetivos, suele haber unas pocas tareas clave que te generarán los resultados tangibles que buscas. Tu trabajo es identificarlas y crear un proceso efectivo basado en estas tareas.

* * *

Actividad práctica

Utilizando tu guía de acción, escribe todas las cosas que podrías hacer para lograr tu objetivo. No te censures ni te pongas límites. Simplemente incluye todo lo que se te ocurra. Intenta escribir al menos entre diez y veinte acciones.

A. Reducir tus opciones

Ahora deberías tener una larga lista de acciones que podrías realizar para alcanzar tu objetivo. El siguiente paso es empezar a eliminar las tareas no esenciales para quedarte solo con las acciones más efectivas. Para reducir tus opciones, debes establecer una estrategia clara. Tener una estrategia te ayudará a determinar tu mejor plan de acción y, lo que quizás es más importante, a identificar lo que deberías *evitar* hacer.

1. La importancia de tener una estrategia clara

Muchas personas caen en las tácticas a corto plazo y en otros engaños, saltando de una "apuesta segura" a la siguiente, sin conseguir nunca nada significativo. Por ejemplo, saltan de una dieta relámpago a otra, abandonan un programa de entrenamiento por otro nuevo programa (aparentemente) más emocionante que el anterior o dejan un proyecto complicado para empezar otro nuevo. Este tipo de comportamiento suele conocerse como el "Síndrome del Objeto Brillante".

A rasgos generales, cuanto menos clara sea tu estrategia, más fácil es que te distraigas con nuevos objetos, conceptos o tendencias. Para evitarlo, es esencial que dediques tiempo a diseñar una estrategia bien definida que realmente creas que te permitirá alcanzar tus objetivos. Cuanto más confíes en tu estrategia, más fácil será que rechaces otras aproximaciones, sin importar lo prometedoras que puedan parecer.

a. Estrategia vs. Táctica

Muchas personas no comprenden la diferencia entre una estrategia y una táctica, lo cual es un grave problema. Repasemos brevemente qué son las estrategias y las tácticas.

Estrategia: Una estrategia es un plan de acción diseñado para alcanzar un objetivo a largo plazo. Está compuesta por un conjunto de acciones coordinadas que te llevarán a lograr tu objetivo (o eso esperas). La clave está en el término "acciones coordinadas". No se trata de probar varias cosas aleatorias y esperar que suceda lo mejor. Cada uno de tus movimientos forma parte de una estrategia clara y efectiva y, como tal, eres capaz de explicarle a cualquier persona por qué estás llevando a cabo exactamente cada una de estas acciones en concreto y cómo se encuadran en tu estrategia global.

Táctica: Una táctica es una acción que *forma parte* de una estrategia global. Solo es una de las diferentes acciones que componen tu estrategia general.

El problema se da cuando empleas tácticas como si fueran piezas independientes que pudieras tomar y ensamblar juntas. En realidad, una táctica en sí misma suele tener poco o ningún valor. Solo es relevante cuando se combina con otras tácticas de una manera coordinada (es decir, cuando es parte de una estrategia coherente y meditada).

Por ejemplo, uno de mis objetivos principales es llegar a ser el autor de libros de autoayuda independiente número uno en la tienda de Amazon de Estados Unidos. Mi estrategia actual para conseguir este objetivo consiste en:

Publicar libros de autoayuda cada dos meses aproximadamente y publicitarlos a través de la plataforma de anuncios de Amazon con la intención de liderar el algoritmo de Amazon a medio o largo plazo.

Si me basara en tácticas como organizar cursos o grabar vídeos para vender más libros, mis acciones no estarían alineadas con mi estrategia global. En este caso, para permanecer fiel a mi estrategia, debo escribir y publicar libros con regularidad y optimizar mis anuncios.

En este punto, puede que te preguntes cómo sé que mi estrategia actual me permitirá convertirme en el autor independiente de libros de autoayuda número uno.

La verdad es que no lo sé a ciencia cierta. Sin embargo, mi decisión se basa en suposiciones sólidas que he ido perfeccionando en los últimos años.

Déjame compartir contigo algunas de ellas para ilustrar la importancia de realizar las suposiciones correctas antes de establecer cualquier estrategia a largo plazo.

Suposición n.º 1: El algoritmo de Amazon venderá libros por mí

Cómo sé esto:

- He leído muchos libros de escritores independientes consolidados que tienen buenos conocimientos sobre el funcionamiento del algoritmo de Amazon.
- Me he dado cuenta de que unos pocos autores independientes tienen un par de libros que se han vendido extremadamente bien durante varios años. Puesto que no disponen de una gran plataforma, es poco probable que promocionen sus libros fuera del ecosistema de Amazon (es decir, Amazon es la que está promoviendo sus libros y, si esto funciona para otros escritores, ¿por qué no tendría que funcionar en mi caso?).
- Yo mismo cuento con algunos libros que llevan vendiéndose con regularidad durante meses, lo que tiende a confirmar esta suposición.

Suposición n.º 2: Cuantos más libros, mejor

Cómo sé esto:

La mayoría de escritores independientes de éxito (ya sea de ficción o de no ficción), argumentan que la mejor estrategia de publicidad para un autor es publicar otro libro. De hecho, muchos de ellos han escrito docenas de libros. Yo creo que esto es clave, puesto que hay cierto componente de suerte implicado en el éxito de cualquier libro. En consecuencia, cuantos más libros publique, más probable es que consiga triunfar. Además, cuantos más libros escriba, mejor será mi escritura, lo que aumentará la probabilidad de que mis lectores disfruten de mis libros y los recomienden a otras personas.

Por ejemplo, yo solo empecé a conseguir unas ventas decentes después de publicar mi séptimo libro. Y mi noveno libro, *Domina Tus Emociones*, ha obtenido una gran popularidad en Amazon. Incluso fue elegido por diferentes editores extranjeros.

Evidentemente, escribir más libros no es necesariamente la mejor solución. Todo depende de tu estrategia. Algunas personas utilizarán su libro para promocionar sus productos y servicios, ganando mucho dinero con ellos. Esto también está bien. Simplemente es una estrategia diferente.

Suposición n.º 3: Tengo lo que se necesita

Cómo sé esto:

- He recibido suficientes opiniones positivas y he conseguido suficientes ventas como para *saber* que mi objetivo es alcanzable.
- Anteriormente, he escrito libros de buena calidad en unos dos meses. Por tanto, sé que puedo repetir el proceso.
- He desarrollado la mentalidad requerida para lograr mi objetivo y creo firmemente que tengo la disciplina y las habilidades suficientes para tener éxito. Como prueba de ello, he trabajado en mi proyecto entre veinte y treinta horas semanales durante un año mientras mantenía mi trabajo a jornada completa.

Estas suposiciones me llevaron a creer que mi objetivo era realista (aunque no fuera sencillo) y que mi estrategia era la correcta.

¿Cuál es tu caso? ¿Tienes una estrategia clara compuesta por tácticas bien coordinadas o te basas en trucos ninja de corta vida? ¿Y cómo sabes que tu estrategia es correcta? ¿En qué suposiciones se basa y qué pruebas tienes de que estás suposiciones son ciertas?

b. Tu estrategia determina qué *no* hacer

Tener una estrategia clara también significa identificar qué *no* deberías hacer. Por ejemplo, si yo me dedicara a hacer todo lo que se me pasara por la cabeza para aumentar mis ventas, significaría que no tengo una estrategia definida. Una vez que he establecido una estrategia en particular, evito hacer todo aquello que no encaje en ella. Por ejemplo, salvo en contadas ocasiones, he decidido *no*:

- Utilizar las redes sociales (Facebook, Pinterest, LinkedIn, etc.) para promocionar mis libros.
- Grabar podcasts.
- Publicar vídeos en YouTube.
- Organizar cursillos.
- Realizar seminarios por Internet.
- Escribir publicaciones en blogs.
- Publicar libros de forma convencional.
- Llevar mis libros a las librerías.

Para implementar mi estrategia con éxito, también necesito basarme en diversas tácticas. Para que estas tácticas funcionen, deben formar parte de mi estrategia general. Por ejemplo, no tiene nada de malo publicar entrevistas en podcasts, escribir artículos en blogs o tuitear a diario. No obstante, ninguna de estas actividades encaja en mi estrategia general de escribir y publicar libros con regularidad. Por ello, he decidido que debo evitarlas.

La conclusión es que, para lograr resultados tangibles, debes centrarte en unas pocas actividades durante un periodo de tiempo lo suficientemente largo. De la misma manera que no puedes talar un árbol golpeándolo en diferentes puntos con un hacha, tampoco puedes realizar ningún progreso significativo utilizando tácticas aleatorias una tras otra. Aun así, esto es lo que hace mucha gente. Se dispersan en exceso haciendo demasiadas actividades. Esta falta de concentración les impide lograr grandes avances en sus vidas y en sus negocios. Si careces de una estrategia bien definida, probablemente te pasará lo mismo.

Para ilustrar esto, hace un tiempo escuché un cursillo organizado por una experta publicista de libros. Me sentí completamente sobrepasado tan solo escuchando la cantidad de cosas que se suponía que debía hacer si quería tener éxito. Ella sugería que yo debería:

- Abrir un blog y actualizarlo regularmente,
- Publicar artículos como invitado en otros blogs,
- Crear una lista de correos electrónicos.
- Grabar avances de mis libros y publicarlos en YouTube,
- Acudir a eventos,
- Organizar cursillos,
- Publicar vídeos en directo en Facebook,
- Contactar con personas influyentes en las redes sociales,
- Publicar anuncios (en Amazon, Facebook, BookBub, etc.),
- Aumentar mi presencia en Facebook, Twitter, Instagram, Pinterest, etc.,
- Conseguir más opiniones de mis libros,
- Llevar mis libros a las tiendas y a las bibliotecas y
- Enviar comunicados de prensa.

Si fueras un escritor novato, ¿no te sentirías agobiado por todo esto?

Después de esto, ella le dijo a la audiencia que podían contratarla si necesitaban ayuda. ¡Claro que necesitaban ayuda! ¿Cómo iban a gestionar todas estas actividades ellos mismos?

Lo más interesante es que ahora yo me he convertido en un escritor a tiempo completo y realizo muy pocas de estas actividades. De hecho, yo:

- Apenas publico en las redes sociales,
- Raramente escribo en blogs,
- Casi nunca realizo podcasts,
- No grabo vídeos ni vídeos en directo para Facebook,
- Nunca envío comunicados de prensa,
- No intento que mis libros lleguen a las librerías,
- Nunca organizo eventos y
- Nunca dirijo cursillos presenciales ni por Internet.

Simplemente escribo más libros, publico anuncios, creo mi lista de correos electrónicos y, ocasionalmente, contacto con unos pocos escritores. Y sé que otros escritores independientes en mi campo hacen lo mismo. Ahora bien, esto no significa que otras actividades no puedan funcionar, solo que deben formar parte de una estrategia a largo plazo.

¿Y tú? ¿Qué estrategia crees que funcionaría mejor para ti? ¿Qué cosas *no* deberías hacer?

Si quieres aprender a librarte del Síndrome del Objeto Brillante y evitar dispersarte, puedes consultar el tercer libro de esta colección, *Domina Tu Concentración*.

* * *

Actividad práctica

Utilizando tu guía de acción, completa los siguientes ejercicios:

- Revisa las ideas que apuntaste en el ejercicio anterior.
- Piensa en al menos tres posibles estrategias combinando algunas de tus ideas de una manera coherente.
- Para cada estrategia, dedica un momento a pensar en todas las cosas que te sugiere que *no* deberías hacer.

B. Implementar un proceso efectivo

1. Objetivos de proceso vs. Objetivos de resultado

Es fácil obsesionarse con los resultados. Sin embargo, no controlas al cien por cien los resultados de tus objetivos. No puedes estar seguro de que ganarás una cantidad concreta de dinero, venderás un determinado número de productos o perderás cierto peso. Sin embargo, lo que sí puedes hacer es implementar un proceso específico para aumentar tus probabilidades de éxito. Por ejemplo, yo no puedo estar seguro de que venderé 100.000 libros en 2020 (objetivo de resultado), pero sí que puedo:

- Publicar seis libros y dos recopilatorios,

- Traducir tres libros o más al español, alemán y francés y
- Dedicar diez horas a la semana a optimizar mis anuncios.

Estos objetivos son objetivos de proceso. Como tales, tengo un control absoluto sobre ellos. Creo que lograrlos (entre otras cosas) me ayudará a conseguir mi objetivo global de resultado de vender 100.000 libros este año.

Los objetivos de proceso ayudan a eliminar la inseguridad y te liberan de la presión autoimpuesta derivada de centrarse meramente en el resultado. Para alcanzar cualquier objetivo de resultado, todo lo que puedes hacer es:

- Identificar el proceso más efectivo posible,
- Establecer objetivos de proceso que te ayuden a conseguir tus objetivos de resultado,
- Adoptar hábitos diarios relacionados con tu objetivo,
- Ser constante a largo plazo hasta que alcances tu objetivo y
- Perfeccionar tu proceso siempre que sea necesario basándote en la retroalimentación que recibes.

Aunque no siempre alcanzarás tus objetivos, si desarrollas un proceso efectivo e implementas una rutina diaria sólida, inevitablemente avanzarás hacia ellos.

En resumen, márcate un rumbo mediante un objetivo de resultado muy concreto (como ganar 100.000 $, escribir seis libros, perder quince kilos, etc.) e implementa un proceso para maximizar tus probabilidades de éxito. Por último, dedica la mayor parte de tu tiempo y energía a centrarte en este proceso. No dejes que la falta de resultados a corto plazo te afecte. Mantente fiel al proceso, sé constante y estarás en la mejor posición posible para lograr un progreso significativo.

Ejemplos de procesos podrían ser:

- Escribir durante cuarenta y cinco minutos cada mañana,
- Llamar a cinco clientes potenciales cada día,

- Sustituir las bebidas azucaradas por agua en las comidas o
- Ir al gimnasio tres veces por semana.

Una vez que hayas determinado el proceso efectivo para lograr tus objetivos, asegúrate de que te adhieres a tu estrategia. Cerciórate de que evalúas tu progreso en base a lo bien que estás siguiendo el proceso y *no* en base a los resultados a corto plazo que obtienes.

Cuando sea necesario, perfecciona tu proceso para confirmar su efectividad. Por ejemplo, puede que necesites dedicar más tiempo a escribir cada día. O puede que descubras que llamar a cinco clientes no es suficiente para alcanzar tu meta. En consecuencia, podrías decidir aumentar el número de clientes a los que llamas o bien ajustar tu objetivo a largo plazo.

* * *

Actividad práctica

Completa el siguiente ejercicio empleando tu guía de acción:

- Repasa las estrategias que ya habías identificado previamente y selecciona aquella que crees que es mejor.
- Escribe el proceso que piensas que debes implementar para que esta estrategia funcione (es decir, qué debes hacer cada día o regularmente para maximizar tus probabilidades de éxito).

C. Cultivar el pensamiento a largo plazo

Los seres humanos no estamos programados para pensar a largo plazo. Si acaso, estamos diseñados para darle más importancia al corto plazo, que es la razón por la que a muchos de nosotros nos cuesta tanto retrasar la recompensa. Puede que te identifiques con alguna de las siguientes situaciones:

- Te gastas todo tu dinero, aun sabiendo que deberías ahorrar para los tiempos difíciles.

- Sigues consumiendo comida poco saludable, aunque sabes que deberías cuidar más tu salud.
- Te quedas enganchado a series de Netflix hasta altas horas de la madrugada, a pesar de que sabes que deberías irte a dormir.

Para desarrollar un modelo de realidad adecuado, debes cambiar tu relación con el tiempo y trabajar de forma creativa para superar tus sesgos y tendencias naturales.

1. Por qué es esencial pensar a largo plazo

Una de las leyes que examiné en mi libro *"Success is Inevitable"* (*El Éxito es Inevitable*) fue la "Ley del Pensamiento a Largo Plazo". Creo que es una de las reglas más importantes cuando hablamos de éxito. La gente que es capaz de aplazar la recompensa y pensar en el largo plazo siempre acabará teniendo más éxito que aquellos que no lo son. Al tener una perspectiva a largo plazo, estos individuos adoptan una estrategia global mejor para su vida y toman decisiones más sabias. Por ejemplo, pueden ahorrar dinero, invertir en su propia educación o comer de forma más saludable.

Sin embargo, como seres humanos, a menudo nos cuesta ser pacientes y aprovechar todos los beneficios asociados, lo que nos lleva al siguiente punto.

2. El valor de la paciencia

A la mayoría de nosotros nos cuesta entender cómo funciona el pensamiento a largo plazo y por qué es tan poderoso. Sobreestimamos lo que podemos hacer en un año, pero subestimamos lo que podemos conseguir en cinco o diez años. Estamos atrapados en el pensamiento a corto plazo y consideramos que nuestros objetivos más ambiciosos son imposibles. Al fijarnos solo en los obstáculos, nos sentimos desanimados o incluso débiles.

Curiosamente, cuanto más jóvenes somos, más distorsionada suele ser nuestra percepción del tiempo. Piensa en los adolescentes. Tienen décadas por delante, pero lo quieren todo ya. Se enfadan con sus padres porque no les dejan salir o no pueden esperar a llegar a la mayoría de edad para poder conducir un coche o independizarse.

Sin embargo, esta falta crónica de perspectiva no solo se aplica a los adolescentes. Es aplicable a todos. En la actualidad, una persona de cuarenta años, en promedio, tiene varias décadas más de vida por delante. Esto es mucho tiempo, pero ¿cuántas veces las personas de esta edad sienten que es demasiado tarde y que no tienen suficiente tiempo?

Aquí te traigo las buenas noticias. No necesitas veinte años para transformar tu vida. Puedes realizar cambios drásticos en solo unos pocos años. Así que, aunque tengas cincuenta, sesenta o setenta años, aún tienes tiempo. Si estuvieras realmente comprometido a realizar cambios en tu vida, imagina dónde podrías estar en solo tres o cinco años, por no hablar de en una década o más.

3. La trampa de las expectativas poco realistas

Muchas personas tienen expectativas que no son realistas. Esto es especialmente cierto cuando empiezan una nueva aventura. Sin duda fue mi caso cuando yo empecé mi proyecto. Cuando creé un blog hace unos pocos años, creía que sería un gran éxito. Cada vez que publicaba un artículo pensaba "¡Este es! A la gente le va a encantar. Este se va a hacer viral".

Pero esto nunca sucedió.

El mensaje es que, cuando empiezas algo, no eres consciente de lo que no sabes. A menudo, no te das cuenta de qué es lo que necesitas exactamente para tener éxito. Esto puede llevarte a rendirte de forma prematura si no ves los resultados que crees que te mereces. Incluso puedes pensar que hay algo malo en ti. Este concepto falso se ve reforzado por todos esos supuestos gurús que prometen resultados rápidos con el mínimo esfuerzo.

No es así. No hay nada de malo en ti. Si te está resultando difícil, seguramente se debe a que forma parte del proceso. Por suerte, hay muchas cosas que puedes hacer para mejorar tus resultados. No obstante, debes seguir un proceso específico y trabajar en él—esto no tiene vuelta de hoja.

Hace poco tiempo, me encontré con una estrategia de ventas que me hizo sentir vergüenza ajena. Era una de esas estrategias escritas por redactores expertos que te venden el sueño de que puedes ganar montones de dinero sin apenas esfuerzo. El mensaje principal era que podías ganar 10.000 $ al mes como ingreso "pasivo" escribiendo libros cortos. Un solo libro escrito durante el fin de semana tenía el potencial de generarte 10.000 $ al mes durante los próximos años. Sí, has leído bien. Maravilloso, ¿no crees? Me pregunto por qué habré dedicado años a escribir libros si todo lo que necesitaba era escribir unos pocos libros cortos durante el fin de semana.

Este es el ejemplo perfecto de alguien vendiéndote un modelo de realidad terriblemente erróneo que nunca te generará ningún resultado positivo tangible. Si realmente te crees la idea de que puedes ganar 10.000 $ al mes publicando unos pocos libros cortos, cuando no logres los resultados que te han prometido empezarás a pensar que hay algo malo en ti.

Es inevitable que tengas algunas expectativas poco realistas cuando empiezas un proyecto, pero la clave está en:

- Mantener un enfoque a largo plazo,
- Perfeccionar continuamente tu modelo de realidad y
- Adherirte a tu proceso día tras día, aunque no obtengas resultados inmediatos.

4. Por qué los objetivos que valen la pena cuestan tiempo y esfuerzo

La paciencia es vital, puesto que para lograr cualquier objetivo importante se requiere una buena dosis de tiempo y esfuerzo. De hecho, así es como sabes si vale la pena perseguir un objetivo en primer lugar. No puedes esperar conseguir dedicarte a la profesión de tus sueños, construir relaciones personales plenas o ser económicamente independiente sin esforzarte, ¿no? Así que, si el camino es duro y el progreso es lento, está bien. En la mayoría de los casos, así es como debería ser.

Yo atribuyo gran parte de mi éxito como escritor independiente a mi capacidad para pensar a largo plazo. En mi primer libro, *"Goal Setting"* (*Establecer Objetivos*), publicado en 2015, escribí que quería convertirme en uno de los expertos en desarrollo personal más conocidos del mundo. En aquel momento, no tenía una red de contactos, ni seguidores ni experiencia previa escribiendo libros. ¡Ni siquiera estaba escribiendo en mi lengua materna! Sin embargo, *estaba* dispuesto a trabajar duro y a dedicar todos los años que fueran necesarios para lograr mi objetivo. Mientras escribo este libro, he vendido unas 100.000 copias de mis libros y he firmado contratos con editores extranjeros en Rusia, Brasil, Vietnam, India y Japón. Pienso que es un buen comienzo. Pero desde luego no ha ocurrido de la noche a la mañana. Pasaron tres años antes de que empezara a ganar dinero con mi escritura.

Ten en cuenta que alcanzar cualquier objetivo principal con el potencial de cambiarte la vida probablemente te costará entre tres y cinco años (y a veces más). Por lo tanto, si realmente quieres conseguir algo relevante y significativo, date un margen de tiempo amplio para lograrlo. Piensa en el largo plazo. La vida es un maratón, no un sprint. Tienes más tiempo del que crees. Si sigues avanzando, dando un paso tras otro cada día, acabarás consiguiendo mucho más de lo que podías imaginar.

Así que no dejes que el pensamiento a corto plazo distorsione tu realidad y te haga sentir como si no tuvieras suficiente tiempo. Haz tu trabajo día a día y deja que la magia de la "combinación" de tus esfuerzos trabaje a tu favor. Cuanto más constante seas, más inercia generarás y mayores serán tus resultados con el tiempo.

Para aprender más detalladamente cómo generar inercia y mantener la motivación a largo plazo, puedes consultar el segundo libro de esta colección, *Domina Tu Motivación*.

* * *

Actividad práctica

Utilizando la guía de acción, completa la siguiente oración con todas aquellas posibles respuestas que se te ocurran:

Si se me diera mejor pensar en el largo plazo, haría...

5. Cómo pasar del pensamiento a corto plazo al pensamiento a largo plazo

Aunque a algunas personas se les puede dar mejor que a otras pensar a largo plazo, creo que el pensamiento a largo plazo es una habilidad que cualquiera puede adquirir. En esta sección, examinaremos seis acciones concretas que puedes realizar para desarrollar esta habilidad. Estas acciones son:

- Crear una visión a largo plazo.
- Pensar en tus objetivos a largo plazo con frecuencia.
- Dedicar tiempo a centrarte en la visión global.
- Aprender a disfrutar del proceso.
- Librarte del miedo a perderte algo.
- Recordarte ser paciente.

a. Crear una visión a largo plazo

Claramente, el primer paso para proyectarte mejor a ti mismo en el futuro es crear una visión a largo plazo. Resulta difícil, si no imposible, pensar en el largo plazo sin tener una visión a largo plazo por la que luchar. Sin una visión definida, te arriesgas a realizar tareas para "mantenerte ocupado" que no concuerden con tus objetivos. Debes asegurarte de que las tareas en las que trabajas hoy te acercan a tu visión final.

Actividad práctica

Piensa en uno de tus objetivos principales. A continuación, responde las siguientes preguntas utilizando tu guía de acción:

- ¿Cuál es tu visión última tras tu objetivo?
- ¿Cómo puedes concretar este objetivo aún más?
- ¿Por qué este objetivo es tan importante para ti?
- ¿Qué beneficios económicos, físicos, mentales y/o emocionales obtendrás cuando lo alcances?

b. Pensar en tus objetivos a largo plazo con frecuencia

Una vez que hayas establecido un objetivo a largo plazo, debes fijarte en él de forma periódica. Para ello, puedes:

- Escribir tu visión en una pizarra y colocarla en algún sitio en la que la veas con frecuencia,
- Escribir tu objetivo a largo plazo en un papel y situarlo en tu escritorio o en otro lugar en el que lo veas a diario y/o
- Leer cuál es tu objetivo a largo plazo cada día/semana.

Cuanto más a menudo pienses en tus objetivos a largo plazo, mejor se te dará adoptar una visión a largo plazo.

c. Dedicar tiempo a centrarte en la visión global

Para asegurarte de que te mantienes centrado en tu visión a largo plazo, te recomiendo reservar un tiempo durante tu semana para dar un paso atrás y pensar en términos de tu visión global. Por ejemplo, podrías dedicar entre treinta minutos y una hora cada domingo a evaluar tu progreso y a asegurarte de que vas en la dirección correcta. Durante este tiempo, puedes preguntarte lo siguiente:

- ¿De qué cosas estoy satisfecho?
- ¿Qué me gustaría o necesito mejorar?
- ¿Qué puedo cambiar para acelerar mi progreso?
- Si empezara de nuevo esta semana, ¿qué haría de forma diferente?
- Si sigo haciendo lo que he hecho esta semana, ¿conseguiré mi objetivo a largo plazo? Si no es así, ¿qué cambios debo hacer?

- ¿Mi estrategia actual es la mejor posible? Si no es así, ¿cómo puedo perfeccionarla para que sea aún mejor?
- ¿Qué tareas me generan la mayoría de mis resultados? ¿Puedo centrarme más en estas cosas?
- ¿Qué acciones han demostrado no ser efectivas hasta el momento? ¿Puedo eliminar algunas de ellas?
- Si solo tuviera que trabajar en una cosa durante esta semana, este mes o este año, ¿cuál me haría progresar más en términos generales?

Realizar esta clase de sesión estratégica cada semana te asegurará que dedicas tiempo a pensar en tu futuro y te evitará quedar atrapado en el caos del día a día en el que a veces se convierte la vida.

* * *

Actividad práctica

Saca tiempo cada semana para centrarte en la visión global. Para ayudarte a ello, repasa las preguntas anteriores (también encontrarás la lista en tu guía de acción).

d. Aprender a disfrutar del proceso

Aunque todos buscamos resultados positivos, obsesionarse con los resultados no es la estrategia más efectiva. Los resultados óptimos no aparecen mágicamente al instante. Se generan mediante procesos. Por lo tanto, la clave para conseguir pensar en el largo plazo es centrarse en el proceso y aprender a respetarlo y a disfrutar de él.

A menudo creemos en el mito de que llegará el día en el que finalmente lograremos nuestros objetivos y viviremos felices a partir de entonces. Sin embargo, así no es cómo funciona la mente humana. Nuestros momentos de máxima felicidad suelen darse cuando perseguimos objetivos que valen la pena. Es por ello que, tan pronto como alcanzamos un objetivo, sentimos la necesidad de marcarnos una meta nueva y aún más emocionante. Esto significa que la mayor parte de nuestra felicidad se da durante el proceso que nos lleva a conseguir nuestros objetivos. En consecuencia, obsesionarse con los resultados es un error. La alegría que experimentas cuando alcanzas cualquier objetivo es efímera. El proceso *es* el objetivo real. El viaje lo es todo. Por esta razón, disfrutar del proceso es la mejor manera de ser feliz a la vez que progresas hacia tus objetivos más importantes.

* * *

Actividad práctica

Completa la siguiente oración en tu guía de acción:

Para mí, centrarme más en el proceso significaría...

e. Librarte del miedo a perderte algo

Muchas personas tienen miedo de desaprovechar la vida. Viven con el miedo constante de dejar pasar esa fiesta, oportunidad o persona en particular. Por ejemplo:

- Si no pueden asistir a una fiesta, se ponen nerviosos. ¿Y si pasa algo emocionante y no pueden enterarse?
- Cuando viajan, intentan ver tantas cosas como sea posible, realizando más visitas de las que pueden gestionar cada día. Pasan horas buscando información por miedo a perderse algo que deberían ver sí o sí.
- Cuando pierden la oportunidad de tener una cita con alguien que realmente les gusta, se sienten desanimados, preguntándose si alguna vez volverán a conocer a otra persona tan maravillosa.

En última instancia, el miedo a perderse algo es la manifestación de una mentalidad de escasez. Se genera debido a una falta de confianza en el mundo y en su capacidad de proporcionar más oportunidades de las que puedas imaginar. Quizás, e incluso lo que es más importante, es la manifestación de una falta de confianza en ti mismo y en tu capacidad de crear recuerdos maravillosos. En realidad, no hay un límite de buenas experiencias. Los buenos recuerdos que puedes generar son ilimitados.

Cuando tienes miedo a dejar pasar algo, tiendes a distraerte más con las nuevas oportunidades. Por este motivo, es importante que aprendas a controlar mejor tu miedo. La gente que cae en el Síndrome del Objeto Brillante suele tener miedo a perderse algo. Creen que existe una píldora mágica y no pueden dejar de buscarla.

Por el contrario, aquellos que piensan a largo plazo entienden que esta es una forma de vida incorrecta. Saben que necesitan diseñar una estrategia sólida, perfeccionarla con el tiempo y adherirse a ella a largo plazo. Saben que para tener éxito tendrán que "dejar pasar" muchas cosas. En esto consiste realmente tener una estrategia: en ser capaz de decir "no" a todo aquello que no forme parte de la estrategia global. Recuerda, si no dices "no" a peticiones que te roban tu valioso tiempo, significa que careces de una estrategia real.

* * *

Actividad práctica

Completa los siguientes ejercicios empleando tu guía de acción:

- Escribe el área o áreas de tu vida en la(s) que experimentas miedo a perderte algo.
- Selecciona un área u objetivo en particular y anota todas las oportunidades que realmente existen. ¿Cuáles son tus opciones? ¿Qué podrías hacer sobre ello?
- Dedica un tiempo a apreciar todas las oportunidades que están disponibles para ti.

f. Recordarte ser paciente

Para la mayor parte de la gente, pensar a largo plazo no es algo que surja de manera natural. Para mejorar tu habilidad de pensar a largo plazo, debes recordarte la importancia de ser paciente. Recuerda, tiendes a querer resultados inmediatos, pero puede que necesites esperar un poco.

La gente creer que soy paciente por naturaleza. Pero *no* lo soy. De hecho, soy extraordinariamente *impaciente*. Quiero que las cosas ocurran y que ocurran ahora. Pero, al mismo tiempo, valoro profundamente el valor de la paciencia. Entiendo que cualquier objetivo importante requiere meses o años de trabajo y que, con la paciencia suficiente, puedo lograr casi cualquier cosa que desee. Es por ello que me recuerdo constantemente que debo ser paciente y creo que tú también deberías hacerlo.

* * *

Actividad práctica

Recuérdate regularmente que tienes tiempo. Para ello, puedes:

- Crear tus propios mantras tales como "la vida es un maratón, no un sprint" o simplemente "tengo tiempo" o "sé paciente". A continuación, piensa en ellos con frecuencia, escríbelos y/o colócalos en tu escritorio o en tu pared.
- Mira los vídeos de Gary Vee *"Overnight Success"* (*Éxito de la noche a la mañana*) y *"People have forgotten the art of patience"* (*La gente ha olvidado el arte de la paciencia*) en YouTube.
- Visualiza todo lo que ya has realizado en los últimos meses/años y recuerda cuánto tiempo tienes disponible para conseguir logros aún mayores.

6. Aumentar el valor que le confieres al tiempo

El tiempo es uno de los bienes más valiosos que posees. Sin embargo, no lo sueles utilizar de la manera más efectiva posible. Si realmente quieres obtener resultados tangibles, debes aprender a incrementar el valor que le asignas a tu tiempo. Una forma efectiva de conseguirlo es cambiar cómo te marcas tus objetivos.

Cómo estableces tus objetivos afecta a tu percepción del tiempo. Por ejemplo, si no te marcas metas, no habrá ningún plazo que cumplir y, por lo tanto, no tendrás una sensación de urgencia. Si te marcas objetivos anuales, pueden faltar meses para que se cumplan los plazos que has establecido, lo que minimizará tu sensación de urgencia. Por otra parte, si estableces objetivos mensuales o trimestrales, estarás causando una sensación real de apremio.

En su libro *"The 12-Week Year: Get More Done in 12 Weeks Than Others do in 12 Months"* (*El año de 12 semanas: logra más en 12 semanas de lo que otros consiguen en 12 meses*), los autores Brian P. Moran y Michael Lennington sugieren que deberíamos cambiar cómo percibimos el tiempo y considerar el período de noventa días que tenemos por delante como si fuera un año entero. Es decir, cuando nos marquemos objetivos, deberíamos pensar en períodos de noventa días en vez de pensar en objetivos anuales. ¿Te imaginas tener que conseguir tus objetivos anuales en noventa días? ¿Qué harías de otra manera? ¿Seguirías procrastinando? ¿Seguirías tomándotelo con calma, pensando que aún tienes mucho tiempo por delante?

Pensar en segmentos de noventa días hará que el tiempo sea mucho más real para ti. Tus objetivos te parecerán más concretos. Serás capaz de ver la línea de meta desde el principio, lo que te inspirará a pasar a la acción. Como resultado, cada día será mucho más importante y valioso.

Así que, en vez de pensar en términos de años, empieza a pensar en períodos de noventa días y asegúrate de que progresas hacia tus objetivos cada día.

En la *Parte III. Empoderar tu modelo de realidad*, veremos cómo dividir tus objetivos para mejorar tu productividad.

a. Sé impaciente en el corto plazo, pero paciente en el largo plazo

A primera vista, el concepto de defender la paciencia *y* la urgencia al mismo tiempo puede parecer paradójico. Sin embargo, permíteme explicarte por qué no es así.

Mientras que debes ser paciente en el largo plazo, siendo consciente de que no siempre lograrás resultados tangibles tan rápido como te gustaría, debes ser impaciente en el corto plazo, marcándote objetivos específicos con límites de tiempo concretos que te parezcan muy reales. Al hacer esto, te sentirás impulsado a moverte hacia tus objetivos cada día. Centrándote en el proceso con una sensación de urgencia y, al mismo tiempo, permaneciendo paciente mes tras mes, acabarás logrando tus objetivos a largo plazo.

Por ello, aprende a ser *impaciente* a corto plazo, pero *paciente* a largo plazo.

b. Ocupado vs. Productivo

Para aumentar el valor de tu tiempo, debes sustituir el trabajo "que te mantiene ocupado" por trabajo "productivo". Esto empieza por adquirir una mayor conciencia de todo lo que haces. Antes de empezar cualquier tarea, pregúntate por qué la estás haciendo y qué estás intentando conseguir exactamente. Al hacerlo, puede que te des cuenta de que en realidad no necesitas completar esa tarea.

Como he mencionado anteriormente, mientras estaba construyendo mi negocio, solía trabajar en muchas tareas diferentes. Publicaba diariamente en Facebook, grababa vídeos de YouTube, subía imágenes a Pinterest, escribía publicaciones como invitado en otras páginas, publicaba en mi blog, etc. Pero, con el tiempo, mientras perfeccionaba mi modelo de realidad, empecé a preguntarme cuáles de estas actividades eran útiles, si es que alguna lo era. Un día, dejé de hacerlas y acabé reduciendo mi carga de trabajo casi a la mitad. Actualmente, soy muy estratégico con mi forma de trabajar. Si empiezo a sentirme sobrepasado, me lo tomo como un signo de que estoy haciendo cosas que probablemente no son necesarias. Por ello, me paro a pensar y modifico mi planificación en consecuencia.

Debes aplicar el poder del Principio 80/20. Recuerda que, a rasgos generales, el veinte por cien de lo que haces genera el ochenta por cien de tus resultados. Además, debes tener en mente que existe un coste de oportunidad tras todo aquello que haces. Cada vez que eliges hacer algo, estás diciendo que no a cualquier otra actividad que podrías estar haciendo en su lugar.

Por ejemplo, dado que yo soy francés, pensé que debería traducir algunos de mis libros del inglés al francés yo mismo. No obstante, después de meditarlo bien, me di cuenta de que no tenía sentido por los siguientes motivos:

- No soy un buen traductor.
- No me gusta especialmente traducir.
- En vez de ello, podría dedicar a escribir un nuevo libro en inglés, lo que podría ser una actividad mucho más lucrativa y con la que podría llegar a más lectores con este contenido adicional.

En resumen, alinearte con la realidad también significa hacer lo más importante y eliminar el resto de actividades. Menos suele ser más.

Método en 7 pasos para abordar cualquier nueva tarea

Para asegurarte de que eres lo más productivo posible, te animo a seguir el proceso en 7 pasos descrito a continuación antes de empezar cualquier tarea relevante.

Paso 1. Dar prioridad a tu tarea

Antes de empezar a trabajar en una tarea, pregúntate lo siguiente:

- Si solo pudiera hacer una cosa hoy, ¿qué tarea tendría más impacto?
- ¿Esta tarea me acerca a mi objetivo principal?
- ¿Realmente necesito hacer esta tarea ahora mismo o debería hacerla más adelante?

Debes procurar entrenarte para pensar en términos de prioridades y teniendo en mente tu visión global.

Paso 2. Evaluar la validez de tu tarea

Para asegurarte de que es realmente necesario que realices una tarea, plantéate las siguientes preguntas:

- *¿Realmente* necesito hacer esta tarea?

- ¿Es el mejor momento para llevarla a cabo? ¿Qué pasaría si la retrasara una semana? ¿O un mes? ¿O para siempre?
- ¿Trabajo en esta tarea porque es necesaria o porque me hace sentir bien? En pocas palabras, ¿estoy dedicándome a esta tarea para escapar de lo que *realmente* debería estar haciendo?

No existe nada menos productivo que hacer algo que no necesitas. Contestar estas preguntas puede ayudarte a no cometer este error.

Paso 3. Tener claro qué hay que hacer

Antes de empezar a trabajar en una tarea, debes saber exactamente qué es lo que buscas con ella. Por ello, antes de empezar, pregúntate lo siguiente:

- ¿Qué es lo que necesito completar?
- ¿Qué estoy intentando lograr con esta tarea?
- ¿Cómo es el producto final?

Procura ser específico. Si sabes cómo debe ser el resultado, serás capaz de optimizar tu forma de abordar la tarea y de enfrentarte a ella con eficacia.

Paso 4. Determinar si eres la persona que debería estar haciendo esta tarea

Tienes fortalezas, pero también debilidades. Siempre que sea posible, intenta delegar cualquier tarea que otra persona pueda realizar mejor, más rápido o de forma más barata que tú.

Pregúntate lo siguiente:

- ¿Realmente vale la pena que dedique mi tiempo a esta tarea?
- ¿Otra persona podría hacer esto mejor que yo? Si es así, ¿puedo pedirle ayuda?
- ¿Qué pasaría si simplemente no completo esta tarea o si la pospongo?
- ¿Me gusta trabajar en esta tarea? ¿Me motiva?

Poco a poco, irás adoptando el hábito de delegar todo aquello que no es tu especialidad y de centrarte solo en las tareas de alto valor en las que destacas.

Paso 5. Descubrir la manera más efectiva de abordar esa tarea

El simple hecho de dedicar unos minutos a pensar en la mejor manera de abordar la tarea puede ahorrarte mucho tiempo. Plantéate las siguientes cuestiones:

- ¿Qué herramienta(s) puedo usar, a qué personas puedo preguntar o en qué método puedo confiar para completar esa tarea de la manera más eficaz y efectiva posible?
- ¿Qué habilidad(es) podría aprender o mejorar para ayudarme a completar esta tarea con rapidez en el futuro?

Paso 6. Agrupar tareas similares

Algunas tareas pueden combinarse con otras que requieren el mismo tipo de esfuerzo o de preparación. Por ejemplo, muchos *youtubers* dedican un día completo a la semana para grabar sus vídeos de YouTube, en vez de crear un vídeo cada día.

Pregúntate:

- ¿Puedo agrupar esta tarea con otras similares para mejorar mi productividad?

Paso 7. Automatizar/Sistematizar tu tarea

Por último, debes buscar la manera de automatizar o de sistematizar tu tarea, especialmente si esta es repetitiva. Pregúntate:

- ¿Puedo crear plantillas que pueda reutilizar cada vez que trabaje en esta tarea o en otras similares? Por ejemplo, podrías diseñar plantillas para determinados correos electrónicos, presentaciones o documentos que necesites de forma repetida.
- ¿Puedo crear una lista de verificación? Estas listas te indican

los pasos concretos que debes seguir, reduciendo la probabilidad de que te distraigas.

Siguiendo estos siete pasos puedes mejorar tu productividad de forma significativa. Aunque te lleve tiempo internalizar este proceso, una vez que lo hagas, se convertirá en algo automático para ti.

Hasta ahora, hemos visto qué puedes hacer para alinearte con la realidad y lograr mejores resultados. A continuación, vamos a ver cómo puedes aplicar tu nuevo modelo de realidad para utilizarlo de manera que maximice tus probabilidades de éxito a largo plazo. Es hora de empoderar tu modelo de realidad.

* * *

Actividad práctica

Antes de empezar cualquier tarea nueva importante o compleja, repasa el método en siete pasos para abordar la tarea de forma correcta. También encontrarás el método en tu guía de acción.

PART III

EMPODERAR TU MODELO DE REALIDAD

Ahora que ya tienes una idea más clara acerca de cómo pensar de forma adecuada y establecer procesos efectivos, es hora de asegurarte de que tu modelo de realidad funciona para ti en el mundo real.

Todos hemos conocido personas que parecen saberlo todo en la teoría, pero que después tienen pocos resultados como prueba de sus esfuerzos. Para evitar convertirte en una de estas personas, debes asegurarte de que tus acciones no solo son congruentes con tu nuevo modelo de realidad, sino que también lo refuerzan. Para ello, debes eliminar los bloqueos mentales y desarrollar una confianza inquebrantable en ti mismo, de manera que realmente confíes en tu capacidad de lograr tus objetivos.

En esta sección, descubrirás cómo diseñar un ambiente positivo, adoptar creencias poderosas, desarrollar una confianza sólida en ti mismo y expandir tu abanico de posibilidades. Esto te permitirá aumentar drásticamente las probabilidades de alcanzar tus objetivos en cualquier área de tu vida.

Así que, ¿estás preparado para empoderar tu modelo de realidad y generar resultados positivos? Empecemos.

1

DISEÑAR UN ENTORNO POSITIVO

Tu entorno tiene un impacto enorme en cómo te sientes y las acciones que realizas. Cuando tu entorno está en tu contra, es difícil adoptar una mentalidad positiva y realizar las acciones necesarias para conseguir tus objetivos. Por ejemplo, si los demás siembran dudas sobre tu capacidad de tener éxito, te resultará difícil creer o trabajar en cualquiera de tus sueños.

Por lo tanto, para diseñar la realidad que deseas, debes rodearte de personas positivas que saquen lo mejor de ti. También debes asegurarte de que tu ambiente facilita los nuevos comportamientos y hábitos que quieres adoptar. Puedes modificar tu ambiente:

- Cambiando tu grupo de amigos.
- Cambiando tu entorno físico.
- Optimizando tu entorno digital.

Vamos a explorar cada una de estas opciones.

A. Cambiar tu grupo de amigos

Se dice que somos el promedio de las cinco personas con las que pasamos más tiempo. ¿Quiénes son esas cinco personas en tu caso? Si sigues manteniendo tu círculo de amigos actual, ¿qué probabilidades hay de que consigas tus mayores sueños?

Tiendes a adoptar parte de las actitudes, hábitos y formas de pensar de las personas a tu alrededor. En cierta medida, podemos decir que las personas con las que sales dictan cómo piensas, te sientes y actúas. Por esta razón, raramente—o ninguna vez—verás a personas con éxito quedando con personas negativas o sin éxito más de lo que es necesario.

Recuerda, sean cuales sean tus objetivos y sueños, alcanzarlos no será sencillo. Necesitas todo el apoyo que puedas reunir y esto debería empezar por rodearte de la gente correcta.

* * *

Actividad práctica

Utilizando tu guía de acción, contesta las siguientes preguntas:

- ¿Con quién me gustaría pasar más tiempo?
- ¿Con quién me gustaría pasar menos tiempo?
- ¿Qué personas ya han logrado los objetivos que yo intento conseguir?
- ¿Dónde puedo encontrar a estas personas positivas y que me pueden apoyar?

1. Cómo protegerte de las personas negativas

Mientras desarrollas tu nuevo modelo de realidad para alcanzar tus metas, te encontrarás con detractores y otras personas que pueden acabar con tus sueños. Aunque esto es de esperar, no significa que debas permitirles influenciar tu modelo de realidad. Estas personas tienen su propia visión del mundo y eso está bien, pero no dejes que se metan en tu cabeza, te arrastren e interfieran con tus sueños. En vez de ello, refuerza tu modelo de realidad mejorando tu grupo de amigos y construyendo una confianza sólida en ti mismo y en tu visión. Veremos cómo conseguirlo más detalladamente en la próxima sección, *Desarrollar una confianza inquebrantable.*

Lo cierto es que, cada vez que interactúas con otra persona, chocan dos realidades. Si te falta seguridad en ti mismo y convicción, es más probable que te veas arrastrado hacia la versión de "realidad" de la otra persona. Esto implica que permitirás que su modelo de realidad (sus suposiciones) influencie el tuyo. Por ejemplo, si te falta confianza y los demás piensan que vas a fracasar, esto puede llevarte a reconsiderar tus objetivos. Si te dicen que tu arte, tu libro o tus productos no valen nada, puede que decidas abandonar. Por otra parte, si los demás creen en ti y te ofrecen ánimos, te sentirás mejor contigo mismo y serás más optimista.

Es por ello que debes aprender a desarrollar más confianza en ti mismo y a distanciarte de las personas negativas. Con el tiempo, a medida que ganes confianza, te afectarán menos las opiniones de los demás. Aun así, no hay ninguna razón por la que debas pasar más tiempo del necesario con las personas pesimistas, ¿no?

Vamos a ver unos pocos pasos que puedes seguir para lidiar de forma más efectiva con las personas negativas. Puedes:

- Pedirles que te apoyen,
- Reducir el tiempo que pasas con ellas y/o
- Evitar compartir tus objetivos con ellas.

a. Pedirles que te apoyen

Lo primero que puedes hacer es pedirles que te apoyen. Para ello, explícales qué estás intentando conseguir exactamente y por qué es importante para ti. Transmíteles también por qué es tan importante su ayuda y cuánto significaría para ti que te dieran todo su apoyo.

En un mundo ideal, tus amigos y tu familia te apoyarán y desearán lo mejor para ti, pero las cosas no siempre funcionan así. Si, tras hablar con las personas que no te apoyan en tu vida, no notas un cambio en su actitud, intenta pasar menos tiempo con ellas.

b. Reduce el tiempo que pasas con ellas

Es mejor no pasar todo el día rodeado de personas negativas. Si detectas que alguien te está hundiendo, toma medidas específicas para distanciarte de esa persona. Por ejemplo, puedes decidir quedar con él/ella solo una vez a la semana en vez de dos o tres veces por semana. También puedes declinar invitaciones más a menudo. Al hacerlo, esta relación tóxica irá desapareciendo con el tiempo.

c. Evita compartir tus objetivos con ellas

Otra medida que puedes tomar para protegerte de las personas negativas es evitar compartir tus objetivos con ellas. Si sientes que no te van a apoyar, simplemente guárdate tus objetivos para ti y compártelos solo con la gente que te dará ánimos. El hecho de que te repitan que vas a fracasar en tu nuevo proyecto, que nunca vas a conseguir la profesión de tus sueños o que te va a costar publicar tu libro es realmente desalentador y puede frenarte. Valora tus sueños y compártelos solo con la gente que merezca conocerlos—aquellas personas que de verdad defienden tus intereses.

¿Y qué pasa con la gente con la que convives? ¿Cómo deberías lidiar con ellos? Aquí te dejo algunos consejos que puedes probar.

Pídeles su aportación/consejo. Lo primero que debes intentar es pedirles su aportación. Pregúntales qué harían si estuvieran en tu lugar. Por ejemplo, ¿qué harían para cambiar de profesión? ¿Qué harían si necesitaran jubilarse diez años antes?

Inclúyelos en tus sueños. Si crees que ellos también se pueden beneficiar de tu objetivo o sueño, véndeles esa idea. Pero, en vez de persuadirles tú mismo, pregúntales cómo mejoraría su vida si tú lograras tu objetivo. En pocas palabras, deja que ellos mismos se vendan tu objetivo. Por ejemplo, imaginemos que quieres retirarte pronto ahorrando e invirtiendo tu dinero agresivamente. Al principio, puede que tu pareja no esté de acuerdo con tu plan. No obstante, podrías pedirle que se imaginara qué estaríais haciendo si pudierais dejar de trabajar antes de los sesenta y cinco. Podrías preguntarle qué le entusiasma más de esta jubilación temprana. Una vez que ambos tengáis objetivos definidos y emocionantes, puede que tu pareja cambie de idea sobre tu plan y empiece a ayudarte en tu progreso hacia tu objetivo.

Consigue resultados tempranos. Otra opción es generar resultados tangibles que les puedas mostrar a tu pareja, hijos o padres. Hace un par de años, recibí un correo electrónico de uno de mis lectores a quien le había encantado mi libro sobre marcarse objetivos y quería que su esposa lo leyera. Sin embargo, a ella no le llamaba la atención la idea. Yo le sugerí que lo mejor que podía hacer era empezar a lograr objetivos y, a medida que lo hiciera, su mujer podría sentirse inspirada y leer también el libro. Es más fácil cambiar a los demás convirtiéndose en un ejemplo a seguir que dando instrucciones. A la mayoría de las personas no les gusta que les digan lo que tienen que hacer.

Si ninguna de estas sugerencias funciona, puede que tengas que perseguir tus objetivos sin su apoyo. Si estas personas se oponen activamente a tu objetivo, tienes dos opciones—renunciar a tu sueño o seguirlo a pesar de las consecuencias que pueda tener en tu relación personal con otra gente.

2. Rodéate de personas que te apoyen

Una de las maneras más efectivas de cambiar cómo piensas, te sientes y actúas es cambiar la gente con la que te juntas. Necesitas estar rodeado de personas positivas y exitosas que te impulsen a convertirte en tu mejor versión y que demanden más de ti. Aquí tienes algunas cosas que puedes hacer para rodearte de personas positivas:

- Únete a grupos de gente con mentalidad afín.
- Organiza tu propio evento.
- Busca un mentor.
- Contrata un *coach*.

a. Unirte a grupos de gente con una mentalidad afín

Para reforzar tu modelo de realidad, necesitas rodearte de personas que sigan el mismo camino y, si es posible, que vayan por delante de ti. Por ejemplo, si eres un emprendedor, puede ser buena idea unirte a un grupo de emprendedores de tu ciudad. Si aspiras a ser escritor, puedes participar en conferencias para escritores o unirte a grupos de Facebook dedicados a escritores.

No tengas miedo de ponerte en contacto con personas que están en el mismo camino que tú. Las personas que más me han ayudado han sido aquellas con las que yo me he puesto en contacto. Así que asegúrate de ser proactivo. Incluso unos pocos encuentros pueden marcar la diferencia en tu vida.

¿A qué grupo(s) podrías unirte? ¿Con quién podrías contactar?

b. Organiza tu propio evento

Si no encuentras el grupo adecuado para ti, ¿por qué no crear un evento dirigido al tipo de gente de la que quieres rodearte? Por ejemplo, el año pasado, creé un grupo de expertos con otros dos autores. Este grupo nos ha permitido compartir consejos y estrategias y nos ha ayudado a lograr mejores resultados

¿Y tú? ¿Qué tipo de personas te gustaría atraer a tu vida y qué evento podrías organizar para lograrlo?

c. Busca un mentor

Tener un mentor es una de las formas más efectivas de acelerar tu éxito. Un buen mentor:

- Te ayudará a cambiar de mentalidad,
- Te dirá lo que debes hacer (y lo que no), ahorrándote meses o años de trabajo,
- Te planteará preguntas inteligentes y te orientará y
- Puede proporcionarte acceso a su red de contactos.

No obstante, encontrar al mentor apropiado puede ser difícil. Cuanto más éxito tiene una persona, más ocupada está—y más te costará llegar a ella.

No existe ninguna fórmula mágica para encontrar un mentor, pero sí que existen unas pocas cosas que puedes hacer para empezar. Lo más importante es que te pongas en los zapatos de tu futuro mentor. Debes intentar pensar como esa persona. Por ejemplo, si yo tuviera que ser el mentor de alguien, la primera pregunta que me haría es cómo de comprometida está esa persona. No quiero perder el tiempo con alguien que va a desaparecer en unos meses.

El resumen es que debes ser una buena inversión para tu mentor. A muchas personas exitosas les gusta compartir su conocimiento y sabiduría, pero quieren asegurarse de que valdrá la pena. Ten esto en mente cuando busques un mentor. Si trabajas primero en ti mismo e intentas aportarle valor a tu potencial mentor, quizá decida trabajar contigo.

No te preocupes si no puedes encontrar un mentor. Siempre puedes tener mentores virtuales leyendo libros, apuntándote a cursos o viendo vídeos.

d. Contrata un *coach*

Otra manera efectiva de hacer cambios es trabajar con un *coach* o asesor. La buena noticia es que es más fácil encontrar a un *coach* que a un mentor. Al invertir el dinero que te ha costado ganar en un *coach* también pondrás más carne en el asador, siendo más probable que pases a la acción—y que obtengas resultados.

Actividad práctica

Contesta las siguientes preguntas utilizando tu guía de acción:

- ¿A qué grupo(s) podrías unirte? ¿Con quién contactarías?
- ¿Qué tipo de personas quieres atraer a tu vida y qué evento podrías organizar que les interesa?
- ¿Quién sería tu mentor/*coach* ideal?
- ¿Qué podrías hacer para pasar más tiempo con las personas que apoyan tu objetivo?

B. Cambiar tu entorno físico

¿Tu entorno físico te inspira a rendir al máximo o te está frenando?

Tu entorno físico juega un papel importante en tu productividad y en tu capacidad para lograr resultados tangibles. En esta sección, repasaremos algunas cosas que puedes hacer para optimizarlo.

1. Ordena tu entorno

Si te sientes bloqueado o te falta motivación, podría ser una buena idea empezar a ordenar tu entorno. Por ejemplo, puedes empezar ordenando tu escritorio en el trabajo o en tu casa.

2. Haz que tus objetivos sean visibles

Deberías centrarte en tus objetivos principales tan a menudo como sea posible. Cuanto más pienses en tus objetivos, más maneras de que se hagan realidad buscará tu subconsciente. Y recuerda que tu subconsciente trabaja las 24 horas del día.

Para pensar con más frecuencia en tus objetivos, escríbelos y colócalos en un sitio en el que puedas verlos todos los días. Por ejemplo, puedes escribir una lista y ponerla en la pared. También puedes escribirlos en una libreta y repasarlos todos los días. O puedes dibujar imágenes que representen tus objetivos en una pizarra. Cuantas más veces repases tus objetivos, mejor. Esto evitará que te distraigas y te garantizará que dedicas la mayor parte de tu tiempo a trabajar en las cosas que realmente te importan.

Las personas exitosas piensan en sus objetivos regularmente a lo largo del día. Incluso puede que acaben obsesionándose con ellos.

3. Elimina los obstáculos

¿Cuánta comida basura comerías si tuvieras un suministro ilimitado en tu despensa todos los días? Ahora imagínate que tuvieras que ir al supermercado cada vez que te apetece algo de comida basura. Seguramente comerías menos este tipo de comida, ¿no?

Debes intentar que tus tareas principales y los comportamientos que deseas adoptar sean lo más sencillos posible de realizar cada día. Cuanto menos esfuerzo físico y mental se requiera para empezar a trabajar en una tarea o adoptar un determinado comportamiento, más probable será que lo hagas.

Por ejemplo, si quieres escribir todas las mañanas, asegúrate de que puedes acceder fácilmente a los documentos que necesitas. Personalmente, me gusta eliminar todo lo demás de mi escritorio para evitar distracciones. Nada de móviles, comida o documentos innecesarios. Nada. A veces también desconecto Internet si es necesario.

Otros ejemplos podrían ser:

- Si quieres salir a correr por la mañana, prepara tu equipamiento deportivo con antelación y asegúrate de que lo tienes a mano.
- Si tienes un trabajo creativo, puede ser una buena idea guardar un lápiz y papel en cada habitación por si necesitas apuntar un pensamiento o idea.
- Si tus tareas implican pasar mucho tiempo en el ordenador, asegúrate de que los archivos que necesitas están bien organizados y de que creas un sistema que te permite guardar toda la información que puede ser útil.

El mensaje es que diseñar una estructura efectiva puede respaldar tu objetivo a largo plazo. Cuanto mejor optimices tu ambiente, más fácil será mantener tus hábitos diarios y evitar las distracciones y la procrastinación.

Por estas razones, deberías esforzarte constantemente por implementar aquello que tenga el poder de simplificar tu vida, aumentar tu concentración en el día a día y apoyar tu objetivo.

Actividad práctica

Utilizando tu guía de acción, dedica unos pocos minutos a contestar las siguientes preguntas:

- ¿Qué podrías hacer para pasar más tiempo con gente que apoya tu objetivo? Ejemplo: pasar menos tiempo con amigos negativos.
- ¿Qué podrías hacer para crear un entorno más positivo que te motivara a trabajar en tu objetivo?

Ejemplo: dedicar diez minutos al día a leer material motivacional.

- ¿Qué podrías hacer para optimizar tu entorno actual y hacer que fuera más fácil trabajar en tu objetivo?

Ejemplo: para evitar cualquier distracción, puedo retirar todas las cosas innecesarias de mi escritorio mientras trabajo.

C. Optimizar tu entorno digital

¿Con qué frecuencia revisas tu correo electrónico? ¿Cuánto tiempo pasas en las redes sociales?

La distracción acaba con la productividad. Si quieres ser altamente productivo y lograr la mayoría de tus objetivos a largo plazo, debes eliminar tantas distracciones como sea posible para ayudarte a *centrarte*. Intenta tener cero distracciones.

Cuando sea aplicable, te animo a:

- Desactivar las notificaciones de tu teléfono.
- Desconectar la conexión inalámbrica (salvo que realmente necesites acceder a Internet).
- Eliminar cualquier objeto innecesario de tu escritorio o de tu entorno de trabajo.

A continuación, ¡empieza con el trabajo!

Quizá quieras probar alguna de las siguientes cosas:

- Instalar programas para eliminar contenido de tu tablón de noticias de Facebook (por ejemplo, la extensión de Chrome News Feed Eradicator para Facebook).

- Instalar extensiones en el navegador que eliminen recomendaciones de YouTube (como la extensión de Chrome DF Tube).
- Instalar aplicaciones que te limiten temporalmente el acceso a páginas web tales como Facebook, YouTube o cualquier otra que visites más frecuentemente de lo que deberías (por ejemplo, la aplicación Freedom).

Los correos electrónicos también pueden ser una gran fuente de distracción. Te recomiendo cancelar cualquier subscripción a boletines informativos que no estén directamente relacionados con tus objetivos o proyectos más importantes. Siempre puedes volverte a subscribir más adelante.

Cuanto menos tiempo dediques a las redes sociales y al correo electrónico, más proactivo tenderás a ser. Pruébalo tú mismo. Dedica una mañana entera solamente a trabajar. Sin correos. Sin redes sociales. Y observa lo que ocurre con tu productividad.

* * *

Actividad práctica

Utilizando tu guía de acción, optimiza tu entorno digital:

- Desactiva las notificaciones del teléfono móvil.
- Revisa tus correos el menor número de veces posible (si puedes, limita tu acceso al correo a una o dos veces al día).
- Apaga la conexión a Internet o evita las redes sociales u otras páginas web que puedan distraerte (puedes instalar programas para eliminar las distracciones cuando sea necesario).
- Date de baja de los boletines informativos.

A continuación, vamos a ver qué puedes hacer para empezar a construir una confianza inquebrantable en ti mismo que te ayude a actuar de una manera acorde a tu nuevo modelo de realidad.

2

DESARROLLAR UNA CONFIANZA INQUEBRANTABLE

Creer en algo es uno de los pasos fundamentales para lograrlo. Solo tomarás las acciones necesarias para lograr tus objetivos si realmente crees que el éxito es posible.

- Si realmente crees que puedes dedicarte a una profesión que te guste, harás todo lo que sea necesario para conseguirlo.
- Si verdaderamente piensas que te mereces una relación sentimental maravillosa, harás lo que sea necesario para atraer a la persona correcta a tu vida.
- Si realmente crees que puedes dejar de trabajar pronto, diseñarás un plan que te ayude a lograr este objetivo.

Por suerte, no hace falta que desarrolles creencias sólidas de la noche a la mañana. Como cualquier otra habilidad, la capacidad de creer se adquiere con la práctica. Sin importar lo bajo que sea tu nivel de confianza ahora mismo, puedes creer en ti mismo más y más con el tiempo (y lo harás) a medida que practiques consistentemente.

A continuación, veremos detenidamente cómo puedes empezar a desarrollar una confianza sólida en ti mismo y en tu visión. Para ello, hablaremos de los siguientes aspectos:

- Entender qué son las creencias.
- Adoptar creencias positivas clave.
- Dividir tus objetivos y desarrollar la constancia.
- Condicionar tu mente.
- Cultivar la autocompasión (o el discurso interno positivo).

A. Entender qué son las creencias

Las creencias no se pueden ver ni tocar, pero contribuyen considerablemente a determinar si cumplirás la mayoría de tus sueños o ninguno de ellos, o si te sentirás bien contigo mismo o como un incompetente. En este sentido, las creencias son un concepto muy poderoso.

Creer significa estar convencido de que puedes convertir lo intangible (una idea o pensamiento) en algo tangible (resultados concretos en el mundo real). Por lo tanto, aprender a creer significa confiar lo suficiente en tu mismo y entender lo suficientemente bien el proceso para hacer realidad tus objetivos y sueños.

Pocas personas han desarrollado lo suficiente su capacidad de creer para conseguir siquiera una fracción de sus objetivos a largo plazo. La buena noticia es que *todos* pueden acceder al poder de creer. Una vez que domines el arte de creer, todo cambiará para ti y para la gente que te rodea. Esto se debe a que creer no solo te ayuda a lograr tus objetivos, sino que también inspira a otros a hacer lo mismo. En este sentido, creer es como un regalo. Puedes darte este regalo a ti mismo o puedes ofrecerlo a otros. Al creer en los demás y darles unas palabras de ánimo, a menudo eres capaz de ayudarles a crecer más de lo que ellos creían posible. Evidentemente, también puedes hacer lo mismo contigo mismo.

Las creencias son el pegamento que hace que todo sea posible. Te dan la energía y el valor para perseguir tus objetivos y perseverar hasta obtener los resultados que buscas. Cuando combinas un pensamiento adecuado—redefiniendo tu modelo de realidad—con una creencia inquebrantable, se produce la magia.

Una de las maneras más efectivas de llegar a creer en uno mismo es a través de la repetición.

Tus creencias actuales se establecieron en tu mente mediante la repetición. Por ejemplo, a una de mis amigas su profesora de música le dijo que nunca llegaría a ser nada en la vida y que probablemente acabaría siendo una prostituta, una adicta a las drogas o una alcohólica. Ella solo tenía diez años cuando empezó este abuso psicológico, que continuó durante años. Imagina el impacto que tuvo en su desarrollo emocional.

Puede que no hayas estado expuesto a un acoso mental tan horrible, pero quizás tus padres te hayan instado a encontrar un trabajo estable o hayan ridiculizado tus sueños en alguna ocasión. O puede que te hayan dicho que el dinero es la raíz de todos los males. Debes comprender que la mayoría de las cosas que hayan dicho repetidamente en el pasado se han ido convirtiendo en creencias que ahora están sólidamente arraigadas en tu mente. Estas creencias influencian tus decisiones actuales en la vida y suelen limitar tu potencial.

1. Entender el proceso por el que se generan las creencias

Te invito a ver el desarrollo de la capacidad de creer en uno mismo como un proceso compuesto por estas cuatro fases:

1. Imposible —> 2. Posible —> 3. Probable —> 4. Inevitable

Vamos a detallar brevemente cada fase.

Fase n.º 1—Imposible

Esta fase se da cuando crees que es imposible lograr lo que deseas. Por ejemplo, podría darse cuando estás convencido de que no tienes posibilidades de conseguir tu trabajo ideal, jubilarte pronto o perder peso. En esta fase, ni siquiera intentarás conseguir tus objetivos, ya que no crees que puedas lograrlos. Incluso si lo intentas, estarás poco o nada convencido y no serás capaz de obtener ningún resultado tangible.

Fase n.º 2—Posible

En este punto te preguntas "¿Y si...?". En esta fase, empiezas a pensar que en realidad quizás sería posible alcanzar tus objetivos o sueños. Te sientes más entusiasmado con tus metas y tienes esperanza. Al ver lo que otros han logrado antes que tú, te preguntas "¿Por qué no yo?". Empiezas a tener los siguientes pensamientos:

- Si otros pueden, a lo mejor yo también puedo.
- Me pregunto si puedo hacer X, Y o Z.
- Quizás si lo intento, podría funcionar.

Creer que algo es posible es el primer paso para lograr cualquiera de tus objetivos. Para aumentar tu confianza en ti mismo, puedes (entre otras cosas):

- Buscar casos reales de personas que ya hayan alcanzado metas similares,
- Rodearte de gente que ya haya logrado tus objetivos,
- Darte cuenta de que, si los demás pueden, probablemente tú también puedes,
- Adoptar nuevas creencias positivas que respalden tus objetivos y
- Realizar acciones acordes a tus nuevas creencias positivas.

Fase n.º 3—Probable

En esta fase, confías razonablemente en tu capacidad para alcanzar tu objetivo. Al sentirte más ilusionado, tomas más y más acciones para avanzar hacia él. Para llegar a esta fase, sueles necesitar acumular pequeñas victorias regularmente durante algunas semanas o meses. También necesitas rodearte de personas positivas que creen en ti y apoyan tus objetivos.

Fase n.º 4—Inevitable

En este punto, has generado la suficiente confianza en ti mismo y tienes las pruebas suficientes para saber—sin lugar a duda—que *alcanzarás* tu objetivo. Esta es la última fase y no es fácil llegar a ella. Aunque la mayor parte de la gente no alcanza esta fase, esto no significa que tú no puedas hacerlo. Recuerda, creer en uno mismo es una destreza que cualquiera puede desarrollar con el tiempo si practica con constancia.

Una vez que tengas la convicción absoluta de que vas a conseguir los resultados que buscas, tus dudas en ti mismo desaparecerán y los potenciales obstáculos dejarán de preocuparte. Como resultado, serás capaz de centrar la mayor parte de tu energía en conseguir tu objetivo. Con este nivel de seguridad, también convencerás a mucha gente de tu entorno. Incluso puedes sentir como si el universo estuviera conspirando para *ayudarte* a lograr tus objetivos.

Estas son las cuatro fases que atravesarás a medida que refuerces tu confianza en ti mismo. Como has visto, no se trata de haber nacido confiando en uno mismo o siendo muy inteligente, sino de seguir un proceso y de adherirse a él a largo plazo hasta que tus creencias cambien radicalmente.

2. La creencia general que lo gobierna todo

Existe una creencia concreta que tiene el poder de transformar todos los aspectos de tu vida. Esta creencia te llevará a realizar los cambios que necesitas para diseñar la vida que deseas. Una vez que empieces a experimentar con ella, notarás cambios positivos.

Esta es la creencia de que **todo lo que te ocurre es el resultado de tu propio pensamiento y todo lo que existe fuera de ti es una proyección de tu interior.**

Puede que seas escéptico respecto a esta creencia. Sin embargo, lo importante de esta creencia no es que sea cien por cien correcta, sino que te invita a mirar en tu interior para que puedas realizar tantos cambios positivos como sea necesario. Esta creencia en particular te anima a asumir total responsabilidad por tu situación actual. Y, cuanta más responsabilidad aceptes por tu vida, más poder tienes para cambiarla. A medida que pases a la acción para mejorar tu situación, recibirás una retroalimentación de la realidad. Esto te permitirá perfeccionar tu modelo de realidad.

En otras palabras, esta creencia general elimina muchas de tus suposiciones incorrectas y te invita a descubrir la verdad por ti mismo. Cuando tú cambies, seguramente descubrirás que todo empieza a cambiar para ti.

Así que, ¿por qué no actuar como si todo lo que te ocurre y lo que sucede a tu alrededor fuera el resultado de tu pensamiento? Con esta creencia, puedes adoptar pensamientos más positivos que te llevarán a realizar mejores acciones y a obtener mejores resultados.

3. Utilizar tus creencias para distorsionar la realidad

Las creencias tienen el poder de "distorsionar" la realidad. En otras palabras, pueden ayudarte a influenciar la realidad que te rodea, haciendo que te sea más sencillo alcanzar resultados concretos. Esto lo consiguen de la siguiente manera:

* Cambiando tu perspectiva, lo que te lleva a tomar nuevas acciones, y
* Cambiando cómo interactúan los demás contigo.

En primer lugar, tus creencias tienen un impacto directo en tu perspectiva (es decir, en cómo ves el mundo). Si crees que algo es cierto, tenderás a buscar información que valide tu creencia. Es más, tenderás a actuar en congruencia con estas mismas creencias.

Por ejemplo, si crees que puedes encontrar el trabajo de tus sueños, tu mente empezará a buscar cualquier información que encaje en este modelo de realidad. Te fijarás en artículos sobre personas que han cambiado de profesión con éxito. Te encontrarás empleados a los que les encanta su trabajo y seguirás buscando más información y evidencias de que puedes lograr tu trabajo ideal.

Quizás podemos afirmar que, cuando cambias tus creencias, cambia la realidad—o al menos cambia *tu* realidad. Es como si estuvieras creando un universo paralelo en el que otra versión de ti mismo es capaz de diseñar una vida acorde a tus nuevas creencias.

En segundo lugar, lo que crees cambia la manera en la que interactúas con los demás e influencia tu entorno. El mundo no existe ajeno a ti. Tú lo creas, junto con otras personas. Es decir, las acciones que realizas (o que dejas de realizar) tienen un impacto directo en tu entorno. Por este motivo es tan poderosa esta creencia. Si crees verdaderamente en lo que haces y actúas en consecuencia, empezarás a ver que las personas que te rodean se comportan de manera diferente. Personas que antes no te apoyaban empezarán a darte ánimos y quizás incluso se conviertan en tus mayores admiradores. ¡Puede que acaben pidiéndote consejo!

Como dijo el famoso *coach* Tony Robbins, la persona con más seguridad en sí misma es la que suele ganar. Esto hace que la capacidad de creer sea tu poder de superhéroe. Para lograr todos tus objetivos y sueños, debes desarrollar la capacidad de creer, día a día, semana a semana, mes a mes. Cuando realmente crees en algo, todo empieza a cambiar para ti.

Por desgracia, a muchas personas les cuesta creer en sí mismas. Como resultado, se ven fácilmente influenciadas por los demás. Pero esto no significa que deba ser así. *Podemos* creer en nosotros mismos. Tenemos el poder de desarrollar una visión tan sólida que nada ni nadie pueda impedirnos perseguir lo que deseamos.

B. Adoptar creencias positivas clave

Aquello que crees determina las acciones que realizas y, por lo tanto, los resultados que obtienes. Es por ello que debes tener unas creencias positivas que te sean útiles y te ayuden a triunfar. Vamos a repasar algunas creencias positivas que marcarán la diferencia en tu vida una vez que las internalices.

Creencia n.º 1—Puedes mejorar a largo plazo

Creer en ti mismo no implica que debas tener talento y haber aprendido ya todas las destrezas que necesitas. Para generar confianza en ti mismo, no necesitas ser la persona que te gustaría ser —al menos no todavía.

Creer de verdad en uno mismo implica saber de corazón que puedes mejorar a largo plazo y que lo harás. Significa desarrollar una confianza interna en que *puedes* resolver los problemas, *puedes* lograr tus objetivos y en que *importas*. En consecuencia, requiere que tengas fe en ti mismo y en tu capacidad para crecer. Requiere que confíes en ti y que tomes acciones que te hagan avanzar en la dirección que crees que es la correcta para ti.

En su libro *Mindset: la actitud del éxito*, Carol Dweck demuestra que existen dos tipos principales de personas. Aquellas con una mentalidad *fija* y aquellas con una mentalidad *de crecimiento*. Las personas con una mentalidad fija no creen que puedan crecer ni realizar cambios importantes en sus vidas. Perciben sus habilidades como si estuvieran grabadas en piedra. Por otra parte, las personas con una mentalidad de crecimiento creen que pueden aprender y mejorar. Poseen la creencia interna de que pueden mejorar a largo plazo sin importar lo que cueste.

En resumen, una de las creencias clave para cultivar la confianza en ti mismo es creer que puedes resolver los problemas y de que la capacidad de mejorar es absolutamente inevitable a largo plazo. Esta creencia impregna todo lo que haces y todos tus pensamientos y te ayudará a superar muchos de tus desafíos en el futuro.

Creencia n.º 2—Si otros pueden, tú puedes

Todos tenemos un cerebro bastante similar. Así que, si otros pueden hacer algo, probablemente tú también puedes hacerlo. Esta es una de las creencias principales en las que me he basado en los últimos años. Evita asumir que los demás son más inteligentes o mejores que tú. Con la práctica, confianza y seguridad suficientes, puedes conseguir lo mismo que otros.

Recuerda que, si te niegas a creer que algo es posible para ti, nunca se convertirá en tu realidad. Tienes que creer que algo es posible para que se convierta en posible. Esto no significa que vaya a ser fácil, sino que, si practicas lo suficiente y estás dispuesto a aprender y mejorar, seguramente llegarás a donde te gustaría estar en el futuro.

Creencia n.º 3—Si puedes hacerlo una vez, puedes hacerlo de nuevo

A veces, para empezar a creer en ti mismo, todo lo que necesitas es hacer algo tan solo una vez. Imagina si pudieras hacer todo lo que crees que es imposible una vez. ¿Cómo cambiaría esto tu perspectiva? ¿Qué nuevas posibilidades se abrirían para ti?

La clave es que no necesitas estar ganando millones con tu negocio paralelo o tener montones de clientes esperándote. Por ahora, todo lo que necesitas es ganar tu primer dólar o tu primer cliente. Si puedes hacerlo una vez, sabrás que puedes conseguirlo de nuevo. Tampoco hace falta que dudes de ti mismo. Eso sería desperdiciar tu valiosa energía. Así que rétate a hacer una cosa que necesites una vez. Después, repite el proceso. Si puedes hacerlo una vez, puedes hacerlo de nuevo.

Creencia n.º 4—Otros se rendirán, por lo tanto, yo tendré éxito

La mayoría de la gente tira la toalla demasiado pronto. No seas una de estas personas. Deja de renunciar a tus sueños con tanta facilidad. Cuando las cosas se vuelvan difíciles, recuerda por qué empezaste este camino en primer lugar. ¿Te dijiste "Lo intentaré y me rendiré cuando todos los demás se rindan"? Seguramente no. Si fuera así, ¿por qué te habrías molestado siquiera en empezar? Cuando creas que no puedes más, es exactamente el momento en el que necesitas continuar avanzando. Sigue adelante. Una vez que aprendas a mantenerte fiel a tus objetivos a largo plazo, serás capaz de alcanzar casi cualquier cosa que desees. Así que deja de preocuparte por la competencia. La mayoría ni siquiera son tus competidores. Se rendirán mucho antes que tú.

Creencia n.º 5—El éxito es inevitable

¿Y si supieras sin lugar a duda que vas a lograr tus objetivos? Dedicamos una cantidad enorme de tiempo y energía a preguntarnos si vamos a conseguirlo. En nuestro interior, se libra una batalla constante entre la parte que está dispuesta a perseguir nuestros objetivos y la parte que cree que podemos fracasar. Para empezar a deshacerte de estas dudas en ti mismo, te recomiendo asumir que tu éxito es inevitable. Te animo a imaginarte como si ya tuvieras éxito y a darte cuenta de que tienes las habilidades necesarias para resolver los problemas. Sí, probablemente fracasarás muchas veces a lo largo del camino, pero, al seguir avanzando y aprendiendo de cada contratiempo, acabarás alcanzando tus metas.

Ten presente que desarrollar una confianza inquebrantable en ti mismo no se trata de adoptar la creencia de que no fracasarás. Se trata de saber que, sin importar a cuantas dificultades te enfrentes y las veces que fracases, acabarás encontrando una manera de avanzar desde donde estás ahora a dónde te gustaría estar. Tener la creencia interna de que lograr tu objetivo es solo una cuestión de tiempo es absolutamente esencial para tu éxito a largo plazo.

En conclusión, asume que tu éxito a largo plazo es inevitable. Mientras tanto, debes estar dispuesto a fallar tantas veces como sea necesario en el corto plazo hasta que obtengas los resultados que deseas.

Cuando estas cinco creencias se conviertan en parte de tu identidad, tu confianza crecerá y serás mucho más perseverante. Esto, a su vez, aumentará drásticamente las probabilidades de que alcances tus objetivos a largo plazo.

* * *

Actividad práctica

Imprime la página con las cinco creencias de tu guía de acción y léelas con frecuencia. Piensa en ellas a menudo. Si identificas otras creencias positivas que te gustaría adoptar, añádelas al repertorio.

C. Dividir tus objetivos y desarrollar la constancia

Para desarrollar una confianza sólida en ti mismo, tu capacidad de marcarte y lograr objetivos—y de hacerlo regularmente—es clave. Después de todo, si nunca hicieras lo que prometes, ¿no te sentirías fatal contigo mismo?

No te preocupes. No hace falta que alcances grandes objetivos nada más empezar. Lograr pequeños objetivos repetidamente te ayudará a generar la confianza que necesitas para conseguir los más importantes.

Marcarme objetivos supuso una gran diferencia en mi vida. Sin embargo, no ocurrió de la noche a la mañana. Me costó un par de años acostumbrarme a establecer y lograr objetivos. Actualmente, me resulta más sencillo marcarme objetivos realistas que acabo consiguiendo.

Hace cinco años, escribí que el 18 de abril de 2020 (en mi treinta y cinco cumpleaños) habría escrito entre veinte y veinticinco libros y estaría ganando 5.000 $ al mes. Mientras escribo esto, es febrero del 2020. Estoy trabajando en mi libro número veinte (este mismo libro) y he superado mi meta de ingresos. Como nota al margen, tiré esa lista hace años (suspiro).

Lo que quiero transmitirte es que marcarse objetivos asequibles funciona. Pero es una habilidad que debe ser adquirida mediante la práctica. Si quieres desarrollar una confianza inquebrantable en ti mismo, haz lo que prometes. Escribe tus objetivos, léelos con frecuencia y, lo que es más importante, esfuérzate por conseguirlos uno tras otro.

Para que sea más sencillo, divide tus objetivos en tareas más pequeñas y asequibles. Por ejemplo, descompón tu visión a cinco años vista en objetivos anuales. A continuación, divide tus objetivos anuales en objetivos trimestrales, mensuales, semanales y diarios. Cualquier objetivo, sin importar lo grande que sea, puede descomponerse en tareas diarias pequeñas. Y al final, completar estas pequeñas tareas cada día te conducirá a resultados extraordinarios y poderosos. Por ejemplo:

- Si lees diez páginas al día, acabarás leyendo entre quince y veinte libros en un año (y 150-200 libros en diez años),
- Si escribes 300 palabras al día, habrás escrito tres libros como este en doce meses (y 120 libros en cuarenta años) y
- Si contactas con una persona influyente cada día, habrás contactado con 365 en un año.

Las pequeñas tareas sí que suman con el tiempo. Así que, divide tus objetivos principales en tareas más pequeñas. Esto evitará que te sientas agobiado. Al enfrentarte a un reto de esta manera, a menudo te sorprenderás de cuánto puedes conseguir a largo plazo.

A continuación, vamos a ver cómo puedes dividir tus objetivos en pequeñas tareas más digeribles.

Cómo dividir tus objetivos

Si tu objetivo te parece demasiado abrumador o poco realista, probablemente deberías dividirlo. Debes procurar descomponer tus objetivos hasta que te sientas razonablemente seguro de que puedes conseguirlos. Existen dos maneras de conseguirlo: puedes reducir el alcance de tus objetivos o puedes cambiar los plazos de tiempo establecidos para cumplirlos. Por ejemplo, reducir el alcance implicaría empezar por el objetivo de perder cinco kilos en vez de diez. Cambiar el plazo de tiempo podría ser darte seis meses adicionales para lograr tu objetivo de perder diez kilos.

D. Condicionar tu mente

Anteriormente, hemos mencionado que las nuevas creencias se adoptan mediante la repetición. En esta sección, repasaremos qué puedes hacer para implementar nuevas creencias positivas y predisponer tu mente al éxito.

1. Utilizar afirmaciones.
2. Cambiar tu discurso interno.
3. Practicar la visualización.

1. Utilizar afirmaciones

Seas consciente de ello o no, todos los días utilizas las afirmaciones y llevas haciéndolo durante años. Mediante tu discurso interno, te dices continuamente a ti mismo quién (crees que) eres. Al hacerlo, estás reforzando tu sentimiento de identidad. Quizás afirmas que no eres lo suficientemente bueno, que no te mereces ser feliz, que nunca encontrarás a tu pareja ideal o que nunca ganarás suficiente dinero haciendo lo que te gusta. Puede que te consideres perezoso, tímido o poco interesante. Pero, ¿es cierta alguna de estas cosas? La verdad es que no importa si son ciertas o no, porque si tú *piensas* que lo son, probablemente se convertirán en tu realidad (es decir, en cómo te percibes a ti mismo).

La buena noticia es que no hace falta que te digas que eres un incompetente o un ser humano insignificante. Puedes elegir verte de la manera contraria. En pocas palabras, puedes decidir sustituir tu identidad actual (o parte de ella) por una nueva que respalde el tipo de vida que te gustaría crear. Y puedes empezar a hacerlo ahora mismo.

Las afirmaciones son enunciados que te repites para reprogramar tu mente y crear una historia o identidad más positiva. De la misma manera que llevas repitiéndote cosas negativas una y otra vez, puedes decirte afirmaciones positivas y que te empoderen repetidamente. Como dijo Muhammad Ali, *"La repetición de las afirmaciones es lo que conduce a la creencia. Y, una vez que la creencia se convierte en una convicción profunda, las cosas empiezan a suceder"*.

Puede que te estés preguntando qué tipo de afirmaciones deberías repetirte todos los días. La respuesta es que depende de qué aspecto de tu vida quieras cambiar y qué creencias negativas mantienes actualmente. En la siguiente sección, veremos cómo puedes identificar tus creencias más limitantes y reemplazarlas por otras más positivas utilizando afirmaciones personalizadas.

Identificar tus creencias limitantes

Las creencias limitantes son aquellas que has aceptado como ciertas —ya sea de forma consciente o inconsciente—y que limitan tu abanico de posibilidades.

La manera más efectiva de identificar tus creencias limitantes es fijarte en áreas de tu vida en las que no estés satisfecho y preguntarte por qué. Tus respuestas a estas preguntas seguramente serán creencias limitantes. Más concretamente, puedes plantearte las siguientes preguntas para cada área de tu vida:

¿Por qué no estoy donde me gustaría estar en esta área? ¿Qué es lo que me frena?

Por ejemplo:

- ¿Por qué no estoy donde me gustaría estar en mi carrera profesional? ¿Qué me lo está impidiendo?
- ¿Por qué no estoy donde me gustaría estar en mi situación económica? ¿Qué me lo está impidiendo?
- ¿Por qué no estoy donde me gustaría estar en mis relaciones personales? ¿Qué me frena?

Para este ejercicio, te recomiendo que te fijes en el objetivo que habías seleccionado previamente y que identifiques las creencias limitantes que mantienes respecto a este objetivo en particular. ¿Por qué aún no lo has logrado? ¿Qué se interpone en tu camino?

Una vez que hayas identificado algunas de tus creencias limitantes, conviértelas en afirmaciones positivas. A continuación, te muestro algunos ejemplos de cómo puedes reformular tus creencias limitantes en afirmaciones positivas:

- Creencia limitante: No tengo tiempo para trabajar en mi proyecto paralelo.
- Afirmación positiva: Encuentro el tiempo que necesito para hacer aquello con lo que me he comprometido.

- Creencia limitante: No creo que pueda encontrar un trabajo que me guste.
- Afirmación positiva: Estoy buscando maneras creativas de disfrutar con mi trabajo. Cada día, estoy más cerca de mi profesión ideal.

- Creencia limitante: No soy lo suficientemente bueno.

- Afirmación positiva: Soy lo suficientemente bueno y avanzo hacia mi objetivo día a día.

Aquí tienes algunos consejos para crear tus propias afirmaciones:

- **Enuncia tu afirmación en presente.**
- **Evita utilizar palabras negativas** e intenta enunciar tus afirmaciones en positivo. Por ejemplo, di "Soy valiente" en lugar de "Ya no tengo miedo".
- **Intenta cambiar tu estado fisiológico.** Involucra a tu cuerpo cuando digas las afirmaciones y prueba diferentes tonos de voz. Esto añadirá fuerza a tu afirmación.
- **Utiliza el poder de la visualización.** Imagínate a ti mismo en situaciones concretas relacionadas con tu afirmación e intenta sentirte como si ya hubieras conseguido lo que deseas. Implicar tus emociones hará que tu afirmación sea mucho más poderosa (consulta la sección *Practicar la visualización*).

Una vez que tengas tus afirmaciones, dedica algunos minutos al día a repetirlas y/o escribirlas. Esfuérzate por implicar tus emociones. Cuanto más emocionales sean tus afirmaciones, más efectivas serán.

Puedes repetir tus afirmaciones nada más levantarte o antes de acostarte. En estos momentos del día tu subconsciente está más receptivo. También puedes repetir tus afirmaciones de camino al trabajo, en la ducha o en cualquier otro lugar.

* * *

Actividad práctica

Utilizando tu guía de acción, crea tus propias afirmaciones.

2. Cambiar tu discurso interno

Otra manera de reprogramar tu mente es a través del discurso interno positivo. Como la mayoría, puede que seas demasiado duro contigo mismo y que utilices la autocrítica más a menudo que las palabras de ánimo. Por suerte, tienes la capacidad de cambiar la forma en la que te tratas a ti mismo y de adoptar un discurso interno mucho más positivo. Si haces esto, tu estado de ánimo mejorará, tu motivación aumentará y tu confianza general crecerá.

Pero, ¿qué es el discurso interno? En pocas palabras, es tu diálogo interno. La manera en la que te hablas a ti mismo moldea tu realidad y determina cómo te sientes y qué crees que es posible y qué no.

La principal diferencia entre el discurso interno positivo y las afirmaciones es que, mientras que las afirmaciones suelen ser frases cortas tales como "Merezco el amor" o "Me gusta confiar en mí mismo", el discurso interno positivo es más una conversación contigo mismo. En esta conversación, cada oración intenta cambiar una o más de las creencias limitantes que te impiden realizar cambios positivos en tu vida.

Si tomamos como ejemplo el dinero, tus creencias limitantes podrían ser:

- El dinero no es importante.
- El dinero es la raíz de todos los males.
- Desearía que pudiéramos vivir en un mundo sin dinero.
- Para ganar más dinero debo quitárselo a otra persona que lo necesita.
- Necesito tener dinero para ganar más dinero.
- Tengo que conocer a la gente adecuada para poder ganar dinero.
- Para ganar dinero, tengo que ser corrupto.
- No valgo lo suficiente como para pedir más dinero por mis productos o servicios.
- No puedo ser espiritual *y* rico a la vez.
- Si gano más dinero, la gente de mi entorno se molestará conmigo.
- Si me hago rico, solo atraeré a personas interesadas en mi dinero.
- El dinero es escaso y no hay suficiente para todos.

- Ganar dinero es difícil.
- No se me da bien el dinero.

Y así es como podría ser tu discurso interno acerca del dinero:

"Cuanto más dinero gane, a más personas podré ayudar. Ser rico me permite donar más dinero a causas solidarias e invertir en proyectos en los que realmente creo. Para mí, el dinero es solo una herramienta espiritual que puedo utilizar para expresar mis convicciones más profundas y hacer el bien en el mundo. Me esfuerzo por ganarlo, gastarlo e invertirlo en consonancia con mis valores principales y mis aspiraciones. Puesto que me valoro a mí mismo y a mi trabajo, me gusta ser recompensado económicamente por los productos y servicios que ofrezco. También sé que siempre puedo mejorar mis habilidades y crear más valor. Esto significa que siempre puedo encontrar maneras de ganar más dinero. Y, cuanto más dinero gane, más libertad tendré para perseguir aquello que me importa. Con todas las tecnologías y fuentes de información disponibles, ganar dinero nunca había sido tan fácil como hoy en día".

Ahora bien, esto son solo ejemplos. Hablarte de manera natural y acorde a quién eres depende de ti. Por supuesto, tu discurso variará en función de las creencias limitantes que quieras superar. Como alternativa, también puedes encontrar grabaciones de audio con un discurso interno positivo en YouTube. Siéntete libre de escucharlas si lo deseas.

Recuerda, las creencias se crean mediante la repetición y las emociones. Cuanto más te repitas algo y cuanta más carga emocional tenga, más fuerte será esa creencia y más hondo calará en ti. Por ejemplo, si asocias el dinero con la libertad y te sigues repitiendo a ti mismo lo maravilloso que es el dinero como agente de la libertad, sintiéndolo en lo más profundo de ti, más fuerte se hará esta creencia.

Volvamos a tu objetivo previo. Fíjate en todo lo que crees que te está frenando respecto a este objetivo. ¿Tienes tu lista? Ahora imagina que estuvieras hablando con un amigo que mantuviera las mismas creencias. Intenta convencerle de lo contrario a ellas.

Ahora te toca a ti crear tu propio discurso interno y empezar a eliminar tus creencias restrictivas.

* * *

Actividad práctica

Utilizando tu guía de acción, escribe unas pocas frases que puedes utilizar como discurso positivo interno para superar algunas de las creencias limitantes que mantienes respecto a tu objetivo.

3. Practicar la visualización

Tu imaginación es uno de tus bienes más preciados. Es más poderosa que tu fuerza de voluntad y sobrepasa la lógica. Si se emplea de forma efectiva, puede ayudarte a conseguir casi todo lo que desees. Cualquier cosa que visualices con la suficiente fuerza y durante un tiempo prolongado tenderá a convertirse en tu realidad. Esto se debe a que, mientras sigues visualizando, te sientes impulsado a realizar acciones que reduzcan la distancia entre lo que ves en tu mente y su manifestación en la realidad. Además, al decirle a tu mente subconsciente lo que te gustaría que ocurriera, descubrirás que acabas buscando nuevas oportunidades o conociendo a gente nueva que puede ayudarte en tu viaje. Por lo tanto, para alimentar tu nuevo modelo de realidad, debes seguir visualizando lo que quieres que suceda en el futuro hasta que creas firmemente que se convertirá en tu realidad.

Recuerda que no percibimos la realidad tal y como *verdaderamente* es, sino como *pensamos* que es. Nuestra versión de la realidad está adulterada por nuestros sesgos, creencias limitantes y experiencias en la vida. Ahora bien, puedes decidir mantener tus creencias limitantes o dejarlas ir y utilizar tu imaginación para desarrollar una nueva realidad en la que seas mucho más fuerte, resuelto y seguro de ti mismo.

A continuación, te muestro algunos pasos para empezar a visualizar.

1) Relájate

Cuanto más relajado estés, más efectiva será la visualización. A medida que entres en un estado profundo de relajación, ganarás un mejor acceso a tu subconsciente. Como resultado, tu subconsciente estará más preparado para aceptar lo que visualices y se reducirá el ruido de fondo mental y las objeciones que recibes con frecuencia de tu mente consciente. Recuerda también que tu mente está más receptiva a primera hora de la mañana y a última hora de la noche (antes de irte a dormir). Estos momentos son perfectos para practicar la visualización.

2) Visualiza lo que quieres

Tu imaginación no tiene límites. Por lo tanto, no hay ninguna situación que no puedas crear en tu mente. Sea lo que sea lo que decidas visualizar, intenta que sea lo más concreto y claro posible. Una estrategia efectiva es imaginarlo como una película en tu mente. Sitúate en la película y haz como si estuviera pasando aquí y ahora mismo.

Piénsalo de esta manera: cuando piensas en sucesos pasados, ¿tienes recuerdos concretos o solo imágenes estáticas? Lo que debes intentar es crear películas mentales similares a los recuerdos que tendrías si lo que deseas ya hubiera ocurrido o estuviera ocurriendo ahora realmente. Por ejemplo, si deseas viajar por el mundo, no pienses solamente en qué países quieres visitar, imagínate paseando por sus calles, visitando monumentos famosos y comiendo en los restaurantes locales. Sé concreto. ¿Dónde te alojas? ¿Qué comes? ¿Con quién estás?

Visualizar *no* es simplemente soñar despierto. Los pensamientos del tipo "un día seré..." raramente se materializan, si es que alguna vez lo hacen. Solo son pensamientos de deseo. Sin embargo, la visualización incluye deseo y compromiso. Esto tampoco quiere decir que tengas que estar tenso o estresado por ello. Simplemente relájate y confía en que tu deseo y tu compromiso te ayudarán a alcanzar tus objetivos.

3) Siéntete como si ya estuvieras allí

Las emociones dirigen las acciones. Cuando te sientes bien, eres más creativo y más productivo y tienes más recursos. Cuando te encuentras en un estado mental positivo, estás preparado para tomar las acciones que necesitas para lograr tus objetivos. Por lo tanto, cada vez que visualices, implica tantas emociones como sea posible. Siéntete ilusionado por tu visión. En concreto, siéntete como si ya fueras la persona que quieres ser y tuvieras lo que quieres. Por ejemplo, si quieres ganar seguridad en ti mismo, imagínate mostrando seguridad en ti mismo en diversas situaciones. Crea una película mental y repítela una y otra vez. Imagínate seguro de ti mismo mientras realizas una presentación en el trabajo. Imagínate relajado en un evento social. Imagina a la gente de tu entorno amable y receptiva.

Las emociones son importantes porque te permiten cambiar tus pensamientos de forma rápida y profunda. Y, cuando tus pensamientos cambian, tu subconsciente intentará ajustar la realidad a tu alrededor con tu nueva realidad. En consecuencia, descubrirás que tomas más acciones para reducir la distancia entre donde estás y donde crees que debes estar.

Si sientes alguna resistencia cuando visualizas, reconócela, déjala ir y vuelve a centrarte en el objeto de tu visualización.

4) Céntrate en lo que quieres tan a menudo como sea posible

De nuevo, la repetición es la clave. Dedica tiempo todos los días a visualizar la persona en la que te quieres convertir. Piensa en tu visión a primera hora de la mañana e imagínate siendo la persona que quieres ser. Sigue visualizando durante el día. Haz lo mismo antes de irte a dormir. Sigue sintiéndote como si ya fueras esa persona. Asume que ya posees en tu interior las cualidades que quieres desarrollar y que solo debes sacarlas a relucir.

Repetir una visión que implique a tus emociones te llevará a tomar acciones diferentes. Con el tiempo, estas nuevas acciones te ayudarán a convertirte en la persona que quieres ser.

Estos son cuatro pasos sencillos para una visualización efectiva.

El mensaje a recordar es este: puedes acceder a tu imaginación todos los días y en cualquier momento. Por ello, procura utilizarla para crear la vida que quieres y no para repetir recuerdos infelices del pasado o preocuparte por tu futuro. Aquello en lo que piensas con la suficiente frecuencia y durante el suficiente tiempo tiende a convertirse en tu realidad—pero solo si pasas a la acción, por supuesto.

* * *

Actividad práctica

Dedica unos pocos minutos cada mañana a visualizarte avanzando hacia tu objetivo y cumpliéndolo. Adicionalmente, piensa en tus objetivos durante el día.

E. Cultivar la autocompasión (o el discurso interno positivo)

Desarrollar la confianza en ti mismo inquebrantable que necesitas para lograr tus objetivos no consiste solamente en estar seguro de ti mismo todo el tiempo. Puede que de vez en cuando dudes de ti mismo y no pasa nada. Creer en ti mismo se vuelve poderoso cuando eres capaz de mantener un elevado nivel de confianza en ti mismo y en tu visión durante períodos prolongados. Todos conocemos personas entusiasmadas con sus nuevos objetivos y dispuestas a comerse el mundo. Pueden parecernos completamente resueltas a conseguirlo, trabajando duro en sus objetivos durante días, semanas o incluso meses. Sin embargo, cuando ven que los resultados que no obtienen no cumplen sus expectativas, en seguida empiezan a dudar de sí mismas y acaban rindiéndose.

En cambio, la verdadera confianza en uno mismo se mantiene días tras días, semana tras semana, mes tras mes y año tras año. Debes desarrollar la habilidad de seguir creyendo en ti sin importar lo que suceda. La autocompasión juega un papel importante a este respecto. Tener suficiente autocompasión te ayudará a mantener la confianza. Al mismo tiempo, te impedirá sentirte triste o desalentado. En resumen, actuará como una red de seguridad, permitiéndote perseverar durante los tiempos difíciles. Como tal, es una parte integral del proceso para generar confianza necesario para lograr cualquiera de tus objetivos a largo plazo.

1. Entender la autocompasión

El primer paso para desarrollar la autocompasión es entender algunas verdades sencillas que te ayudarán a reemplazar tu modelo de realidad por otro más positivo y amable.

Verdad n.º 1—Estás haciendo lo mejor que puedes con lo que tienes

Es fácil culparte cuando sientes como si no estuvieras utilizando todo tu verdadero potencial. La verdad es que nunca serás capaz de desbloquear el cien por cien de tus capacidades. La razón es sencilla: aunque tu potencial es casi ilimitado, tu tiempo no lo es.

La primera verdad que quiero compartir contigo es esta: siempre estás haciendo lo mejor que puedes con lo que tienes. Por ejemplo, vamos a suponer que estás procrastinando en un proyecto. Esto no es un signo de que deberías ser más productivo ni es una invitación para que te castigues. Simplemente indica que la versión actual de ti mismo está procrastinando debido al miedo, la falta de claridad o, quizás, un bajo nivel de energía. En este momento, procrastinar es lo mejor que puedes hacer. Por supuesto, a medida que desarrolles tu versión 2.0, podrás lidiar mejor con la procrastinación y otros problemas.

La cuestión es que siempre haces lo mejor que puedes con lo que tienes en ese momento. Es lo que hace todo el mundo. Por lo tanto, cuando sientas la tentación de criticarte a ti mismo, recuerda esto. Sé amable contigo mismo. Es lo mejor que puedes hacer.

Verdad n.º 2—Estás exactamente donde se supone que debes estar

Esto nos lleva a la segunda verdad: estás exactamente donde se supone que debes estar *ahora mismo*. Porque, si no lo estuvieras, estarías en otro sitio. Así que, haz lo mejor que puedas desde donde estás ahora y date ánimos. De esta forma, acabarás en un lugar mucho mejor en el futuro.

Verdad n.º 3—No hace falta que seas perfecto en ningún sentido

¿Te sientes desalentado cuando ves a todas esas personas mejores, más inteligentes, más fuertes o más felices que tú? Sé consciente de que siempre habrá gente a la que le vaya mejor que a ti en determinadas áreas de la vida.

La batalla real que debes tener no es con los demás, sino contigo mismo. Los demás tienen sus propios problemas de los cuales tú no sabes nada. Déjales que se enfrenten con ellos. Mientras, vuelve a centrarte en ti y en lo que puedes hacer para mejorar tu situación.

Todos los seres humanos tenemos defectos. Por suerte, no hace falta que seas perfecto para diseñar una vida fantástica; solo tienes que reconocer tus fortalezas y alimentarlas. Tienes unas pocas habilidades que nadie más posee. ¿Por qué no centrarte en estas habilidades y en lo que puedes crear con ellas?

Lo importante es que no necesitas ser perfecto para triunfar. Solo necesitas identificar cuáles son tus mayores fortalezas y manifestarlas lo mejor que puedas a tu propio ritmo y siendo amable contigo mismo.

Verdad n.º 4—No estás solo

Sean cuales sean los retos a los que te estés enfrentando ahora mismo, no estás solo. Otras personas tienen problemas similares o peores. Admitir el hecho de que no estás solo es parte del proceso necesario para cultivar la autocompasión. Cuando te sientas solo o incomprendido, piensa que muchas personas están atravesando dificultades parecidas en este momento. No estás solo.

Verdad n.º 5—Tienes tiempo

Ya hemos hablado de la importancia de pensar en el largo plazo, pero vale la pena insistir en ello. Tienes tiempo para crecer. No pasa nada si las cosas te cuestan más tiempo de lo que pensabas, y suele ser lo esperable. Pero este no es motivo para perder confianza o renunciar. Mantente fiel a los objetivos principales que quieres lograr. Date tiempo y sé optimista sin importar lo que ocurra. Entiende los errores como invitaciones para crecer. Y, lo que es más importante, sé siempre amable contigo mismo.

2. Practicar la autocompasión

La autocrítica, al igual que la autocompasión, es un hábito. Puedes aprender a respetarte y darte ánimos durante los tiempos difíciles. Puedes convertirte en tu mejor asesor y en tu apoyo más sólido. No hay nada de malo o egoísta en ello. Te lo mereces. Para practicar la autocompasión puedes:

- Emplear la autocompasión durante los tiempos difíciles.
- Comprometerte a seguir un desafío de 7 días.

a. Emplear la autocompasión durante los tiempos difíciles

La autocompasión es una de las herramientas más útiles de las que dispones en los tiempos difíciles. Si has suspendido un examen, tu cita te ha rechazado o te has puesto enfermo, no olvides ser amable contigo mismo.

La autocompasión es el mejor antídoto contra las emociones negativas. Evitará que te sientas miserable y te protegerá de la tristeza, de la autocrítica, la vergüenza o la culpa. Te ayudará a perseverar, convirtiéndote en un junco que nunca se rompe, sino que siempre vuelve a su posición original.

Yo empecé a practicar la autocompasión hace unos pocos años. Cuando me daba cuenta de que estaba siendo demasiado duro conmigo mismo, cambiaba mi discurso interno. En vez de decirme que era estúpido, me decía que no pasaba nada por equivocarme, que lo haría mejor la próxima vez, que había hecho todo lo que podía o frases similares que fueran relevantes según la situación.

¿Esto me convirtió en conformista?

No.

¿Hizo que me relajara y me convirtiera en un perezoso?

No.

De hecho, probablemente nunca he sido tan productivo en mi vida. Mi punto de vista es que no necesitas ser duro contigo mismo para rendir al máximo y lograr todo lo que deseas. No hace falta que te bases en el miedo, la vergüenza o la culpa. Tampoco es necesario que te menosprecies, esperando que así finalmente te impulsarás a hacer las cosas que deseas. Actuar por miedo muestra una falta de confianza en ti mismo y una falta de comprensión sobre el poder del amor propio. Así que deja de actuar por miedo. En su lugar, utiliza la inspiración y la autocompasión como tus motivadores principales. Desarrolla confianza en ti mismo y empieza a hablarte como le hablarías a tu mejor amigo o a tu amado. Verás con qué rapidez cambian las cosas en tu vida, y a mejor.

b. Comprometerte a seguir un desafío de 7 días

Este es un ejercicio práctico que puedes realizar. Durante los próximos siete días, evita criticarte. Cada vez que te trates de manera negativa, detente y sustituye tus críticas por palabras amables tales como "lo estás haciendo bien", "lo harás mejor la próxima vez" o "has cometido un error, pero no pasa nada".

Si quieres, también puedes ponerte una pulsera de goma en tu muñeca y hacer una muesca cada vez que te percates de que estás siendo duro contigo mismo. Criticarte es un hábito y, como cualquier otro hábito, puedes dejarlo y reemplazarlo por otro mejor.

Actividad práctica

Utilizando tu guía de acción, completa los siguientes ejercicios:

- Sigue un desafío de autocompasión de 7 días.
- Cada vez que notes que estás culpándote, cambia tu discurso interno. Di que lo estás haciendo bien. Date ánimos. Trátate con amabilidad.

De forma ideal, tu confianza en ser capaz de lograr tus objetivos debería ser de un 7 u 8 sobre 10. Si acabas de empezar a marcarte objetivos, puede que quieras llegar a un 9 sobre 10. Recuerda que, a corto plazo, lo que más importa es llevar un seguimiento de tu éxito. Debes convertirte en una persona que logra sus objetivos. Con el tiempo, esto aumentará tu confianza en ti mismo y te ayudará a generar inercia. La constancia es mucho más importante que la intensidad. Los expertos en lograr objetivos no son necesariamente los que trabajan más duro, sino los más perseverantes.

En resumen, establece pequeñas metas y alcánzalas. Haz lo que dices que vas a hacer. Esto aumentará tu seguridad en ti mismo y generará un sentimiento de confianza en ti mismo y en tu valía.

3. Establecer objetivos diarios

Lograr objetivos con regularidad es una manera fantástica de generar confianza e inercia. ¿Cómo hacerlo? Esto es lo que puedes hacer: márcate tres pequeños objetivos diarios que sepas que vas a lograr. Para ello, cuando te levantes, toma un papel (o usa una libreta o un ordenador) y anota tres tareas que te gustaría completar durante el día. Las tareas deben ser lo suficientemente asequibles como para que estés casi seguro de que las puedes finalizar. A continuación, complétalas al cien por cien. Repite el proceso durante al menos treinta días seguidos. Esto te ayudará a promover tu confianza en ti mismo y a aumentar tu autoestima.

Lo que estamos haciendo con esto es construir una nueva identidad, la identidad de una persona que se marca objetivos y los consigue una y otra vez y que, cuando dice algo, lo dice de verdad. Cuanto más te dediques a establecer metas diarias y a alcanzarlas, más seguridad en ti mismo ganarás y serás capaz de enfrentarte a objetivos o proyectos más grandes.

Una advertencia: marcarse objetivos no es una ciencia exacta. Ocasionalmente, no lograrás algunos de tus objetivos, especialmente al principio. Esto es totalmente normal. Sé amable contigo mismo y sigue avanzando. Tu capacidad de alcanzar tus metas irá mejorando con el tiempo.

* * *

Actividad práctica

Completa los siguientes ejercicios utilizando tu guía de acción:

- Volviendo al objetivo con el que habías estado trabajando anteriormente, divídelo en objetivos anuales, mensuales, semanales y diarios.
- Durante los próximos treinta días, márcate tres tareas sencillas al día y asegúrate de completarlas.

3

EXPANDIR TU ABANICO DE POSIBILIDADES

Lo que puedes y lo que no puedes hacer viene determinado en gran medida por tu mentalidad. Cuando desarrollas una mentalidad poderosa, todo un nuevo mundo de oportunidades se abre ante ti. Tu pensamiento empieza a cambiar, tu confianza crece y lo que pensabas que era imposible se convierte en tu nueva realidad.

En esta sección, descubriremos qué puedes hacer para expandir tu abanico de posibilidades y lograr un estado emocional positivo que te permita enfrentarte a nuevos desafíos. Después de todo, tener un modelo de realidad adecuado no sirve de nada si no eres capaz de realizar las acciones necesarias para alcanzar tus metas.

Para ayudarte a expandir tu abanico de posibilidades, cubriremos los siguientes temas:

- Generar suerte.
- Plantearte preguntas positivas.
- Realizar acciones consistentes.
- Aprovechar el poder de la gratitud.

Empecemos.

A. Generar suerte

No creo demasiado en la suerte. Creo que es nuestra responsabilidad hacer lo que tengamos que hacer para "tener suerte". La verdad es que, en la mayoría de los casos, cuantas más acciones realicemos, más probable es que generemos nuestra propia "suerte" en algún momento.

Por ejemplo, mi abordaje para mi proyecto de ganarme la vida escribiendo era publicar libro tras libro de forma periódica hasta que uno de ellos tuviera éxito. Después de haber analizado a otros escritores independientes de éxito, entendí que seguramente necesitaría publicar unos pocos libros antes de esperar cualquier tipo de inercia. Al fin, esto es lo que sucedió. Uno de mis libros tuvo éxito. Y después de este, fue otro. Y otro más. En este sentido, "tuve suerte".

En resumen, la mejor manera de "tener suerte" es actuar continuamente hasta que algo funcione. Por supuesto, tus acciones deberían ser parte de una estrategia global efectiva, tal y como hemos visto anteriormente.

¿Esto te garantiza obtener los resultados que deseas? No. Muy pocas cosas son seguras en esta vida, si es que alguna de ellas lo es— exceptuando quizá el hecho de que debes pagar impuestos y de que algún día morirás. Pero pasar a la acción aumenta tus probabilidades de éxito.

Aquí te muestro algunas maneras de "producir" suerte:

1. Rechaza creer en la suerte,
2. Piensa repetidamente en lo que quieres,
3. Comunica tus deseos al mundo,
4. Realiza acciones consistentes y acordes a una estrategia claramente definida y
5. Aprende todo lo que puedas de la retroalimentación que recibes de la realidad (basada en tus acciones).

Veamos brevemente cada una de ellas.

1. Rechaza creer en la suerte

Las personas que se niegan a ver la suerte como un factor determinante de su éxito a largo plazo adquieren inmediatamente más poder sobre sus vidas. Asumen el cien por cien de la responsabilidad, sabiendo que siempre pueden intentar cosas nuevas y perfeccionar su modelo de realidad. Entienden que, para que las cosas cambien, *ellos* tienen que cambiar. Con esta mentalidad, tienden a obtener mejores resultados que la mayoría de la gente.

Por el contrario, las personas que creen que necesitan tener suerte para triunfar no se dan cuenta del poder que tienen de transformar sus vidas. Piensan que el juego está amañado y que la suerte juega en su contra. Como resultado, todo lo que esperan es conseguir tener suerte. Es por ello que a menudo juegan a la lotería o hacen apuestas, esperando poder ganar algún día.

Debes ser consciente de que siempre puedes hacer algo para mejorar tu situación. Siempre hay opciones. Cada segundo que pasa ofrece incontables oportunidades. Dado que siempre puedes tener pensamientos mejores y realizar acciones diferentes, siempre puedes cambiar tu futuro.

2. Piensa repetidamente en lo que quieres

Otra manera de "fabricar" suerte es seguir pensando sobre aquello que deseas una y otra vez. Al pensar en lo que quieres todos los días, le estás diciendo a tu subconsciente que busque maneras de hacer que tu sueño se convierta en realidad. Como resultado, tu subconsciente trabajará las 24 horas del día para ayudarte a alcanzar tu objetivo. Maravilloso, ¿no crees?

Así que, sigue pensando en lo que quieres. Visualiza tu futuro vívidamente e imagina las emociones que experimentarás cuando alcances tu objetivo.

3. Comunica tus deseos al mundo

Para recibir ayuda, debes permitir que los demás sepan exactamente qué es lo que estás intentando lograr. La mayoría de la gente estará dispuesta a ayudarte siempre que sepan cómo. Cuanto más específico seas, más gente estará en posición de darte un buen consejo o de presentarte a alguien que puede hacerlo.

4. Realiza acciones coherentes y acordes a una estrategia claramente definida

Otra manera de generar suerte es realizar más acciones en el mundo real. No se trata de realizar acciones aleatorias o de caer en trucos o engaños a corto plazo, esperando conseguir algo de éxito. La idea es realizar acciones que se ajusten a tu estrategia. Cuantas más acciones de este tipo tomes, más probable es que tengas suerte.

5. Aprende todo lo que puedas de la retroalimentación que recibes de la realidad

Cuantas más acciones realices, más retroalimentación recibirás de la realidad. Si aprendes de esta retroalimentación y ajustas tus acciones en consecuencia, crearás un modelo de realidad mejor que incluirá creencias de mayor calidad. Equipado con estas creencias correctas, tomarás mejores decisiones y lograrás mejores resultados. De forma breve, podemos resumir el proceso de esta manera:

Más acción Más retroalimentación Mejores creencias Mejores acciones Mejores resultados

Asegúrate de aprender siempre de tus errores. Si lo haces, conseguirás resultados mucho mejores a largo plazo.

* * *

Actividad práctica

Utilizando tu guía de acción, completa los ejercicios correspondientes para empezar a generar más suerte.

B. Plantearte preguntas positivas

Esta es una buena forma de guiar tu pensamiento y de inducir respuestas inteligentes que inspiren acciones efectivas. A continuación, vamos a ver diferentes tipos de preguntas positivas.

1. Preguntas del tipo "cómo"

Me encantan las preguntas del tipo "cómo" porque te invitan a buscar soluciones. En lugar de decirte que tus mayores objetivos son imposibles, es mucho más positivo observar tus objetivos y preguntarte cómo puedes conseguirlos. Mientras piensas en formas de alcanzarlos, se te ocurrirán muchas ideas fantásticas y te sentirás inspirado a pasar a la acción y a seguir adelante. Cuando descubras que estás pensando "No puedo hacer esto", sustituye de inmediato este pensamiento y pregúntate "¿Cómo puedo hacer esto?":

- No puedo ganar dinero haciendo lo que me gusta *¿Cómo puedo* ganar dinero haciendo lo que me gusta?
- No puedo jubilarme antes de los sesenta y cinco *¿Cómo puedo* jubilarme antes de los sesenta y cinco?
- Ahora que tengo hijos pequeños, no puedo viajar tanto como me gustaría *¿Cómo puedo* viajar con niños?

Pensar que no puedes hacer algo nunca es una buena idea. Desde luego, existen determinadas cosas que realmente no puedes hacer, pero, cuando descubras que estás pensando que no puedes hacer algo, plantéate una pregunta del tipo "¿Cómo puedo...?" en su lugar y fíjate en las respuestas que se te ocurren.

2. Preguntas del tipo "y si"

Las preguntas del tipo "y si" son geniales porque utilizan el poder de tu imaginación, una de las herramientas más poderosas que posees. También elimina la carga sobre tus hombros, puesto que no hace falta que creas que puedes hacer algo (todavía). Más específicamente, las preguntas a las que me refiero son preguntas del tipo "¿Y si pudiera...?". Aquí tienes algunos ejemplos:

- ¿Y si pudiera ganar dinero haciendo lo que me gusta?
- ¿Y si pudiera jubilarme antes de los sesenta y cinco?
- ¿Y si pudiera viajar a menudo con mis hijos pequeños?

Recuerda, somos la única especie en el planeta que puede imaginar un futuro mejor y hacerlo realidad diseñando un plan y actuando en consecuencia. Es nuestro "superpoder". Así que, ¿y si pudieras crear tu vida ideal en los próximos años? ¿Y si pudieras tener (casi) todo lo que deseas?

Al utilizar las preguntas del tipo "y si" te abres a nuevas oportunidades. Y, a medida que sigas realizando acciones repetidamente, serás capaz de crear un modelo de realidad más positivo que te conducirá a mejores resultados. Por lo tanto, sigue preguntándote "¿Y si...?".

* * *

Actividad práctica

Escribe la respuesta a las siguientes preguntas utilizando tu guía de acción:

- ¿Cómo puedo lograr mi objetivo? ¿Qué puedo hacer para ayudarme a conseguirlo?
- ¿Y si pudiera lograr mi objetivo? ¿Y si fuera posible?

C. Realizar acciones consistentes

Para cultivar las creencias necesarias para alcanzar tus objetivos, debes recibir retroalimentación de la realidad. Y la mejor forma de conseguirlo es realizando acciones consistentes.

1. Los beneficios de pasar a la acción

Pasar a la acción conlleva diversos beneficios.

En primer lugar, te permite identificar qué funciona y qué no. Puede que haya cosas que crees que podrían ser efectivas, pero que en realidad no funcionan. En pocas palabras, pasar a la acción es una buena manera de evaluar tus suposiciones.

En segundo lugar, realizar acciones consistentes te permite cuestionar tus creencias acerca de lo que es y lo que no es posible para ti. Por ejemplo, puede que creas que nunca podrás dar un discurso frente a una gran audiencia, escribir un libro o correr una maratón. Sin embargo, a medida que pasas a la acción, puede que te des cuenta de que en realidad sí que eres capaz de estas cosas. Y, cuantas más pequeñas victorias acumules, más crecerá la confianza en ti mismo y más acciones serás capaz de realizar.

En tercer lugar, actuar te permite refinar aún más tu modelo de realidad. Por ejemplo, si realizas acciones consistentes durante meses sin obtener resultados positivos, puede que empieces a cuestionar lo que estás haciendo. Quizás no estás haciendo lo correcto o no estás actuando lo suficiente. Este cuestionamiento te llevará a ajustar tus acciones hasta que empieces a obtener resultados tangibles. No olvides que vivimos en un mundo regido por la ley de causa y efecto. Determinadas acciones generarán los resultados que buscas, mientras que otras no lo harán. No importa lo mucho que *digas* que quieres ayudar a la gente, lo buena persona que eres o lo duro que trabajas. Lo que importan son los resultados. Las preguntas que realmente debes contestar son:

- ¿Cómo de correcto es mi modelo de realidad?
- ¿Cómo de efectivo es mi plan actual?
- ¿Realmente estoy realizando todas las acciones necesarias para alcanzar mi objetivo?

Puede que creas que deberías dar discursos motivacionales porque te preocupas mucho por los demás. O quizás piensas que te mereces ser un cantante profesional porque llevas cantando todos los días desde hace años. Sin embargo, lo único que al final importa es lo correcto que es tu modelo de realidad, cómo se ajusta al mundo exterior y lo bien que estás actuando en base al mismo.

La conclusión es que, para cualquier objetivo que persigas, debes evaluarlo y ser radicalmente sincero contigo mismo. Muchas personas se engañan a sí mismas y se frustran cuando no logran sus objetivos. No te conviertas en una de ellas. En vez de ello, haz todo lo que sea necesario para alcanzar tus metas o busca otros objetivos, lo cual también sería correcto.

* * *

Actividad práctica

Utilizando tu guía de acción, contesta las siguientes preguntas:

- ¿Cómo de bien está funcionando mi estrategia actual?
- ¿Realmente estoy realizando las acciones necesarias para alcanzar mi objetivo?
- ¿Qué implicaría para mí actuar de forma masiva?

2. Enfocarse en lo que funciona

A medida que actúes y evalúes tus creencias, descubrirás algunas cosas que funcionan muy bien para ti. A lo mejor a tu audiencia le encanta uno de tus productos. O quizás uno de tus servicios está generando más dinero que todos los demás juntos. Si es así, empieza a centrar más tu tiempo y tus recursos en las actividades que ya te están generando resultados.

Puede parecerte contraproducente dejar de lado productos o servicios en cuya creación has invertido tanto tiempo. Puede que pienses que deberías trabajar para aumentar las ventas de tus productos o servicios menos vendidos. No obstante, esto suele ser un error. Aumentar las ventas de un producto que ya es popular suele ser mucho más sencillo que intentar que se venda un producto que no tiene éxito. En el primer caso, la bola ya está en movimiento y lo único que necesitas es darle un empujón extra.

Para darte un ejemplo, yo decidí optimizar las ventas de mi libro más vendido "abandonando" mis libros con menos éxito. Para aumentar las ventas, probé diferentes precios, mejoré la descripción del producto y creé muchos anuncios. También empecé a traducir el libro al francés, alemán y español, suponiendo que también se vendería bien en estos países. Al final, he creado toda una colección acerca de este libro, animando a los nuevos lectores a que repasen el primer libro de la colección. De esta manera, he conseguido aumentar significativamente las ventas.

El mensaje es este: sigue evaluando tus suposiciones hasta que encuentres algo que funcione. Cuando lo hagas, centra la mayor parte de tu esfuerzo en mejorarlo. Sí, puede parecer paradójico. Sí, puedes sentirte como si estuvieras dejando pasar otras oportunidades. Pero, como hemos visto antes, tienes que dejar pasar muchas cosas para tener éxito. Esto es de esperar.

* * *

Actividad práctica

Utilizando tu guía de acción, responde las siguientes cuestiones:

- ¿Y si hay algo que me está proporcionando los mejores resultados?
- ¿Qué podría hacer para aumentar aún más este éxito?

D. Aprovechar el poder de la gratitud

Creo que la gratitud es una de las fuerzas más poderosas del planeta. Cuando desarrollas tu gratitud, descubres todo tipo de cosas que empiezan a cambiar tu vida. Cultivar la gratitud no solo te permite desarrollar un sentimiento más profundo de apreciación, sino que también cambias cómo ves el mundo y las acciones que tomas como resultado de esta transformación.

Cuando eres capaz de experimentar agradecimiento por todo lo que tienes en la vida, te sientes más inspirado y tienes más energía para avanzar hacia tus objetivos y sueños. Experimentas una sensación renovada de posibilidad y empiezan a aparecer nuevas oportunidades. Por ello, desarrollar la gratitud es una buena manera de alimentar tu modelo de realidad.

Cuando te sientes feliz por las cosas que ya tienes, el universo suele ofrecerte más—o eso parece. Dicho de forma breve, cuanto más te centres en lo que posees, más probable es que consigas lo que deseas.

Entonces, ¿por qué cosas te sientes agradecido en tu vida?

1. Entender la gratitud

Antes de ver cómo cultivar la gratitud, vamos a considerar algunas creencias limitantes que pueden impedirte experimentarla.

Creencia n.º 1—Hay una cantidad limitada de...

¿Alguna vez has pensado que nunca podrás recuperar tu dinero, encontrar a un apareja tan buena como la anterior o ser feliz de nuevo?

Este tipo de pensamiento se basa en la creencia de que la cantidad de cosas, personas o experiencias disponibles para ti es limitada. Pero, ¿es esto cierto?

Seguro que hay eventos importantes que no te quieres perder, tales como bodas o cumpleaños. Sin embargo, no hay ningún límite en el número de sucesos maravillosos u oportunidades disponibles para ti en el futuro. Siempre puedes crear buenos recuerdos, ¿no? Por ejemplo, perderte una oportunidad de ganar dinero no es un problema. Habrá más oportunidades en el futuro. Y, cuanto más te entrenes para detectar esas oportunidades, más encontrarás. También hay muchas posibles parejas para ti. Romper con alguien a quien amas no significa que nunca puedas encontrar a otra buena pareja en el futuro.

La conclusión es: deja de tener miedo a perderte las oportunidades. Aprovéchalas cuando puedas, pero recuerda que hay y seguirá habiendo una cantidad ilimitada de oportunidades esperándote.

Creencia n.º 2—Me merezco una vida maravillosa

Actualmente, muchas personas dan por sentado todo lo que tienen. No obstante, la verdad es que no tienes derecho a nada en particular. El universo no te debe nada. Todo lo que tienes es temporal y prestado, por lo que en algún momento tendrás que devolverlo.

Tener una actitud de agradecimiento requiere que te des cuenta de lo afortunado que eres por tener acceso a todas las comodidades que ofrece la vida moderna. Muchos de los beneficios que das por sentado eran cosas por las que luchaban las generaciones anteriores, ya sean las vacaciones pagadas, la salud pública o el derecho a votar.

Todo lo que tienes es un regalo. Asegúrate de que lo valoras al máximo. Dedicar tiempo a centrarse en todas las cosas que ya tienes te ayudará a sentirte más agradecido y a desarrollar una sensación de abundancia más profunda.

Creencia n.º 3—Necesito más...

Aunque no hay nada de malo en querer más, esto puede convertirse en una búsqueda sin fin que te deje profundamente insatisfecho—salvo que desarrolles la gratitud. No necesariamente te hacen falta más cosas en tu vida. A menudo, lo que necesitas es apreciar más lo que ya tienes. Por ejemplo:

- Valora tu dinero y lo que pagas con él, en vez de obsesionarte con ser más rico,
- Alimenta las relaciones actuales con tu familia y amigos en vez de intentar tener más amigos y
- Cuenta las cosas por las que eres afortunado en lugar de tus desgracias.

Así que, si te descubres pensando "Necesito más...", cuestiona esta suposición. ¿Realmente necesitas más o lo que necesitas es valorar más lo que tienes?

2. Practicar la gratitud

La gratitud es una habilidad y como cualquier otra destreza, requiere una práctica constante. En su libro *"Unlock Gratitude"* (*Desbloquea la Gratitud*), mi amigo Mike Pettigrew habla de su "Loco Experimento de Gratitud". Él atravesaba un período difícil en su vida. Después de haber confiado en la persona incorrecta y haberse lanzado al tipo de negocios equivocado, se quedó sin dinero y sin poder mantener a su hijo recién nacido. Fue una de las experiencias más atemorizantes de toda su vida, tal y como él recuerda. En aquel momento fue cuando decidió intentar su loco experimento de gratitud, inspirado en un libro que había leído.

"*Sorprendentemente, al llevar a cabo mi loco experimento de gratitud treinta minutos al día, las cosas empezaron a mejorar en solo unos pocos días. Esto era maravilloso y un gran impulso para mí. Todo empezó a cambiar tan pronto como creé este experimento y lo probé. Al fin y al cabo, no tenía casi nada que perder, porque ya lo había perdido casi todo. Así que inventé este experimento, lo probé y los resultados fueron verdaderamente increíbles*".

Naturalmente, él aún tuvo que trabajar duramente para cambiar su situación económica. Pero practicar la gratitud le permitió empezar a pensar de forma más positiva y esto tuvo un impacto en sus sentimientos y acciones.

Para empezar a experimentar los beneficios de la gratitud, te recomiendo dedicar unos pocos minutos al día a practicar la gratitud cada día. Con el tiempo, te resultará más fácil sentirte agradecido incluso cuando las cosas no salen como te gustaría.

A continuación, te muestro algunos ejercicios que puedes realizar.

a. Escribe las cosas por las que te sientes agradecido. Toma un lápiz y una hoja de papel o, aún mejor, una libreta dedicada a este fin, y anota al menos tres cosas por las que te sientes enormemente agradecido. Esto te ayudará a enfocarte en la parte positiva de las cosas.

b. Agradece a la gente que ha pasado por tu vida. Cierra los ojos y piensa en las personas que has conocido. Mientras piensas en ellas, agradéceles a cada una de ellas por al menos una cosa buena que hayan hecho por ti. Si te vienen a la mente personas que no te gustan, agradéceles de todas formas y sigue buscando una cosa buena que hayan hecho por ti. Puede que te hayan vuelto más fuerte o te hayan enseñado una lección en concreto. No intentes controlar tus pensamientos, simplemente deja que las caras de la gente que conoces vengan a tu mente. Libérate de cualquier resentimiento que sientas o que hayas sentido en el pasado.

c. Céntrate en un objeto y valora su existencia.

- Selecciona un objeto de tu habitación y piensa en la

cantidad de trabajo y en el número de personas implicadas en el proceso de crear ese objeto y de hacértelo llegar. Por ejemplo, si eliges una silla, piensa en todo el trabajo que ha sido necesario para crearla. Algunas personas tuvieran que diseñarla, otras tuvieron que encontrar los materiales necesarios, y otras se encargaron de montarla. Se necesitó al menos un conductor de camión para llevarla a la tienda una vez fabricada. Los empleados de la tienda tuvieron que ofrecerla al público y venderla. Tú o cualquier otra persona tuvisteis que ir a la tienda para recogerla. El coche que conducías cuando fuiste a recoger la silla también fue construido previamente por otras personas, y así sucesivamente.

- Piensa en cómo te beneficias de este objeto (la silla, en este caso): recuerda aquella vez en la que estabas tan cansado que solo deseabas sentarte. ¿No te sentiste genial cuando por fin pudiste sentarte? Gracias a la silla no solo puedes sentarte, sino que también puedes utilizar tu ordenador, escribir, leer, beber café o tener una conversación placentera con tus amigos.

d. Escucha canciones de gratitud / meditación guiada. Escucha meditación para la gratitud. Para encontrar la canción o meditación adecuada para ti, puedes buscar "Meditación para la gratitud" en YouTube.

Actividad práctica

Practica uno de los siguientes ejercicios durante al menos catorce días:

- Escribe cosas por las que te sientes agradecido.
- Agradece a las personas que han pasado por tu vida.
- Céntrate en un objeto y valora su existencia.
- Escucha canciones de gratitud / meditación guiada.

CONCLUSIÓN

Me gustaría felicitarte por leer este libro hasta el final. Espero que leerlo te haya ayudado a entender mejor cómo funciona la realidad. También espero que hayas empezado a trabajar en formas específicas de desarrollar una visión más adecuada de la realidad. Recuerda, cuanto más correcta sea tu visión de la realidad, mejores resultados tenderás a obtener, siempre que actúes basándote en la estrategia a largo plazo que has diseñado—ya sea en tu profesión, relaciones personales, situación económica o salud.

No te engañes a ti mismo. No digas que quieres lograr todas esas cosas maravillosas mientras actúas de una forma completamente incongruente en tu vida diaria. Realiza acciones coordinadas y positivas. Ponte retos. Inténtalo una y otra vez y escucha la retroalimentación que recibes de la realidad. De esta manera, serás capaz de ir perfeccionando tu modelo de realidad poco a poco.

A continuación, trabaja en reforzar tu modelo de realidad. Construye un entorno positivo que respalde tus sueños. Rodéate de personas positivas que te impulsen a mejorar y a apuntar más alto. Desarrolla una confianza en ti mismo sólida que influenciará tus propias acciones y el comportamiento de la gente a tu alrededor. Con el tiempo, aquello que realmente crees tiende a convertirse en tu realidad. Así que nunca dejes de creer y sigue trabajando día a día.

Aquel que posea el modelo de realidad más acertado y que actúe en consecuencia será el ganador. Sé esa persona y te sucederán cosas maravillosas en el futuro cercano.

Te deseo lo mejor en todos tus proyectos.

Saludos cordiales,

Thibaut

Domina tu vida con la colección "Domina Tu(s)..."

Este libro es el quinto de la colección **"Domina Tu(s)..."**. Puedes consultar el resto de la colección en la siguiente URL:

http://mybook.to/domina

¿QUÉ PIENSAS?

¡Quiero saber tu opinión! Tus ideas y tus comentarios son importantes para mí. Si te ha gustado este libro o te ha parecido útil, **te agradecería que compartieras tu opinión en Amazon.** Tu apoyo es importante. Leo todas las opiniones personalmente para poder mejorar este libro.

¡Gracias de nuevo por tu apoyo!

SOBRE EL AUTOR

Thibaut Meurisse es un autor, *mentor* y fundador de whatispersonal-development.org.

Está incluido en importantes webs de desarrollo personal tales como Lifehack, TinyBuddha, MotivationGrid, PickTheBrain, DumbLittleMan o FinerMinds.

Obsesionado con la superación personal y fascinado por el poder del cerebro, su misión personal es ayudar a la gente a darse cuenta de todo su potencial y alcanzar elevados niveles de plenitud y consciencia.

Puedes comunicarte con él en su página de Facebook:

https://www.facebook.com/whatispersonaldevelopment.org

Conoce más datos sobre Thibaut en:

amazon.com/author/thibautmeurisse

DOMINA TUS EMOCIONES (EXTRACTO)

> El espíritu vive en sí mismo, y en sí mismo puede crear
> un cielo del Infierno, y un infierno del Cielo.

— JOHN MILTON, POETA.

Todos nosotros experimentamos un amplio abanico de emociones
ʔnte nuestras vidas. Tengo que admitir que yo mismo he
ʔntado altibajos mientras escribía este libro. Al principio
ʔmocionado e ilusionado con la idea de proporcionar a la
ʔra ayudarles a entender sus emociones. Imaginaba
ʔidas de los lectores al aprender a controlar sus
motivado y no podía evitar pensar lo

ʔto de sentarse y ponerse
ʔes cuando desapareció
ʔe parecía aburrida, y me
ʔvo o valioso que aportar.

ʔera cada vez más difícil para mí

con el paso de los días. Empecé a perder la confianza en mí mismo. ¿Quién era yo para escribir un libro sobre emociones si ni siquiera podía dominar mis propias emociones? ¡Qué ironía! Incluso consideré tirar la toalla. Ya existen un montón de libros sobre este tema, así que, ¿para qué añadir uno más?

Al mismo tiempo, me di cuenta de que este libro era una oportunidad perfecta para trabajar mis propias emociones. ¿Y quién no sufre emociones negativas de vez en cuando? Todos pasamos por altibajos emocionales, ¿no es cierto? La clave es qué *hacemos* con nuestros momentos bajos. ¿Estamos utilizando nuestras emociones para nuestro crecimiento personal? ¿Estamos aprendiendo algo de ellas? ¿O estamos atormentándonos a causa de ellas?

Hablemos ahora de *tus* emociones. Déjame empezar haciéndote esta pregunta:

¿Cómo te sientes ahora mismo?

Saber cómo te sientes es el primer paso para poder tomar el control de tus emociones. Puede que hayas pasado mucho tiempo internalizando la idea de que has perdido la conexión con tus propias emociones. Puede que hayas respondido algo así como: "Siento que este libro puede ser útil", o "De verdad siento que podría aprender algo de este libro". No obstante, ninguna de estas respuestas refleja cómo te sientes. Tú no 'sientes que', simplemente 'sientes'. No 'sientes que' este libro podría ser útil, sino que 'piensas' o 'crees' que este libro podría ser útil, y esto genera una emoción que te hace 'sentir' motivado para leerlo. Los sentimientos se manifiestan como sensaciones físicas en tu cuerpo, no como una idea en tu mente. Quizá, la razón por la que la palabra 'sentir' se usa en exceso o de forma inadecuada es porque no queremos hablar sobre nuestras emociones. Así que, ¿cómo te sientes ahora?

¿Por qué es importante hablar sobre las emociones?

Cómo te sientes determina la calidad de tu vida. Tus
pueden hacer que vivas una vida miserable o verd
mágica. Esta es la razón por la que son uno de los aspec
más importantes en los que centrarse. Tus emocion

todas tus experiencias. Cuando te encuentras bien, todo parece o sabe mejor. También tus pensamientos son mejores. Tu nivel de energía es más alto y las posibilidades parecen ilimitadas. Por el contrario, cuando te sientes deprimido, todo parece triste. Tienes poca energía y te sientes desmotivado. Te sientes estancado en un lugar en el que no quieres estar (tanto mental como físicamente), y el futuro parece oscuro.

Tus emociones también pueden actuar como una poderosa guía. Pueden decirte que algo está mal y permitirte realizar cambios en tu vida. Por ello, son una de las herramientas de crecimiento personal más poderosas que tienes a tu alcance.

Por desgracia, lo más probable es que ni tus profesores ni tus padres te hayan enseñado cómo funcionan tus emociones ni cómo controlarlas. Me parece irónico que hoy en día casi cualquier cosa venga con un manual de instrucciones, excepto tu mente. Porque, ¿nunca has recibido un manual de instrucciones que te enseñe cómo funciona tu mente y cómo controlar mejor tus emociones, no? Yo no lo he recibido. De hecho, dudo que haya existido un manual así, hasta ahora.

Qué aprenderás en este libro

Este libro es el manual de uso que deberían haberte dado tus padres al nacer. Es el manual de instrucciones que deberías haber recibido en el colegio. En él, compartiré contigo todo lo que necesitas saber sobre tus emociones para que puedas superar tus miedos y limitaciones y convertirte en la persona que realmente quieres ser.

Aprenderás qué son las emociones, cómo se forman y cómo puedes utilizarlas para tu crecimiento personal. También aprenderás a controlar las emociones negativas y a condicionar tu mente para crear emociones más positivas.

Mi esperanza y mi expectativa sinceras son que, cuando acabes de leer el libro, tengas una visión clara de lo que son las emociones y las herramientas que necesitas para empezar a dominar tus emociones.

De forma más específica, este libro te ayudará a:

- Entender lo que son las emociones y cómo afectan tu vida
- Identificar las emociones negativas que dominan tu vida y aprender a superarlas
- Cambiar tu historia para tomar el control de tu vida y construir un futuro mejor, y
- Reprogramar tu mente para experimentar emociones más positivas.

Aquí tienes un resumen más detallado de lo que aprenderás en este libro:

En la **Parte I**, hablaremos sobre qué son las emociones. Aprenderás por qué estás programado para centrarte en la negatividad y qué puedes hacer para contrarrestar este efecto. También descubrirás cómo tus creencias afectan tus emociones. Por último, aprenderás cómo funcionan las emociones negativas y por qué son tan complejas.

En la **Parte II**, repasaremos los elementos que afectan de forma directa tus emociones. Entenderás la importancia de tu cuerpo, tus pensamientos, tus palabras o tu sueño en tu vida y cómo puedes utilizarlos para cambiar tus emociones.

En la **Parte III**, aprenderás cómo se generan las emociones. También descubrirás cómo condicionar tu mente para experimentar emociones más positivas.

Por último, en la **Parte IV**, veremos cómo utilizar tus emociones como una herramienta de desarrollo personal. Aprenderás por qué experimentas emociones como el miedo o la depresión y cómo funcionan. A continuación, descubrirás cómo utilizarlas para tu crecimiento personal.

Empecemos.

I. Qué Son Las Emociones

¿Te has preguntado alguna vez qué son las emociones y para qué sirven?

En esta sección, trataremos el tema de cómo afecta a tus emociones tu mecanismo de supervivencia. A continuación, explicaremos qué es el 'ego' y qué influencia tiene sobre tus emociones. Por último, desvelaremos el mecanismo que se esconde tras las emociones y aprenderemos por qué puede ser tan difícil controlar las emociones negativas.

I. Cómo Afecta A Tus Emociones Tu Mecanismo De Supervivencia

Por qué tendemos hacia la negatividad

Tu cerebro está diseñado para la supervivencia, lo que explica por qué puedes leer este libro en este momento. Si lo piensas bien, las probabilidades de que nacieras eran extremadamente escasas. Para que ocurriera este milagro, todas las generaciones anteriores a ti tuvieron que sobrevivir lo suficiente para procrear. En su lucha por la supervivencia y la procreación, seguramente se enfrentaron a la muerte cientos o incluso miles de veces.

Por suerte, al contrario que tus ancestros, lo más probable es que tú no tengas que enfrentarte a la muerte cada día. De hecho, la vida nunca había sido tan segura como ahora (en muchas partes del mundo). Sin embargo, tu mecanismo de supervivencia no ha cambiado demasiado. Tu cerebro sigue escaneando tu entorno en busca de potenciales peligros.

En cierta manera, algunas partes de tu cerebro se han quedado obsoletas. Aunque ya no existe el peligro de que pueda comerte un depredador en cualquier momento, tu cerebro sigue dándole más importancia a los sucesos negativos que a los positivos.

Por ejemplo, el miedo al rechazo es un ejemplo de la tendencia hacia la negatividad. En el pasado, ser rechazado de tu tribu reducía significativamente tus probabilidades de supervivencia. En consecuencia, hemos aprendido a buscar cualquier señal de rechazo, y esto ha quedado arraigado en nuestro cerebro.

Actualmente, ser rechazado suele conllevar pocas o ninguna consecuencia sobre tu supervivencia a largo plazo. Puede que te odie todo el mundo y aun así sigas teniendo trabajo, una casa y comida de sobra en tu mesa, pero tu cerebro sigue estando programado para percibir el rechazo como una amenaza para tu supervivencia.

Esta es la razón por la que el rechazo puede ser tan doloroso. Aunque sabes que la mayoría de los rechazos no tienen mucha importancia, no puedes evitar sentir dolor emocional. Si haces caso a tu mente, puedes crear todo un drama por un rechazo. Puedes pensar que no mereces el amor y obsesionarte con el rechazo durante días o incluso semanas. Aun peor, puedes sumirte en la depresión a causa de ese rechazo.

De hecho, una sola crítica puede valer más que cientos de opiniones positivas. Este es el motivo por el que un autor con opiniones de 5 estrellas puede sentirse tan mal cuando recibe una opinión de 1 estrella. Aunque el autor entiende que la opinión de 1 estrella no supone ninguna amenaza para su supervivencia, su cerebro no lo percibe así. Más bien interpreta la opinión negativa como una amenaza a su ego, lo que desencadena una reacción emocional.

El miedo al rechazo también puede hacer que dramatices en exceso los sucesos negativos. Si tu jefe te critica en el trabajo, tu cerebro puede entenderlo como una amenaza y puedes pensar, "¿Y si me despiden? ¿Y si no puedo encontrar otro trabajo y mi mujer me abandona? ¿Qué pasará con mis hijos? ¿Y si no los puedo volver a ver?" Aunque eres afortunado por contar con un mecanismo de defensa tan efectivo, también es tu responsabilidad distinguir entre las amenazas reales y las imaginarias. Para superar esta tendencia hacia la negatividad, tienes que reprogramar tu mente. Una de las capacidades más poderosas del ser humano es nuestra habilidad para utilizar nuestros pensamientos para dar forma a nuestra realidad e interpretar los sucesos de una manera que nos empodere. Este libro te enseñará cómo hacerlo.

Por qué el objetivo de tu cerebro no es hacerte feliz

El objetivo principal de tu cerebro no es hacerte feliz, sino asegurar tu supervivencia. Por lo tanto, si quieres ser feliz, debes tomar el control de tus emociones en vez de suponer que serás feliz con ellas porque es tu estado natural. En la siguiente sección, veremos qué es la felicidad y cómo funciona.

Cómo puede impedir tu felicidad la dopamina

La dopamina es un neurotransmisor que, entre otras funciones, juega un papel esencial en recompensar ciertos comportamientos. Cuando se libera dopamina en áreas específicas de tu cerebro – los centros del placer – experimentas una sensación de euforia. Esto es lo que sucede cuando haces ejercicio, cuando haces apuestas, practicas sexo o disfrutas de una comida.

Una de las funciones de la dopamina es asegurarse de que buscas comida para no morirte de hambre, y de que buscas compañero/a para reproducirte. Sin la dopamina, muchas especies se habrían extinguido. ¿Está bastante bien, no?

Bueno, sí y no. En el mundo actual, este sistema de recompensa se ha quedado obsoleto en muchos casos. Mientras que en el pasado la dopamina estaba ligada a nuestro instinto de supervivencia, hoy en día se puede generar una liberación de dopamina de forma artificial. Un buen ejemplo de este efecto son las redes sociales, que utilizan la psicología para hacer que pases todo el tiempo posible en ellas. ¿Te has dado cuenta de todas esas notificaciones que te llegan constantemente? Su función es generar una liberación de dopamina para que permanezcas conectado, ya que cuanto más tiempo pases conectado a una red social, más dinero gana ésta. Ver pornografía o apostar también induce una liberación de dopamina, lo que puede hacer que estas actividades se vuelvan muy adictivas.

Por suerte, no estamos obligados a actuar cada vez que nuestro cerebro libera dopamina. Por ejemplo, no hace falta que revisemos constantemente nuestra sección de noticias de Facebook solo porque esto nos produce un placentero aumento de dopamina.

La sociedad actual nos vende una versión de la felicidad que en realidad nos puede hacer *in*felices. En gran medida, nos hemos vuelto adictos a la dopamina porque los vendedores han descubierto formas efectivas de explotar nuestros cerebros. Recibimos múltiples dosis de dopamina durante el día y nos encanta. Sin embargo, ¿equivalen realmente a la felicidad?

Peor aún, la dopamina puede crear verdaderas adicciones con consecuencias graves para nuestra salud. Un estudio llevado a cabo en la Universidad de Tulane demostró que, cuando se les permitía autoestimular sus centros de placer a voluntad, los participantes lo hacían un promedio de cuarenta veces por minuto. ¡Preferían estimular sus centros de placer que comer, incluso renunciando a la comida cuando estaban hambrientos!

El coreano Lee Seung Seop es un caso extremo de este síndrome. En 2005, Seop falleció tras jugar a un videojuego durante cincuenta y ocho horas seguidas sin apenas comer ni beber, y sin dormir. La investigación posterior concluyó que la causa de la muerte fue un fallo cardíaco debido al cansancio y la deshidratación. Seop tenía tan solo veintiocho años.

Para tomar el control de tus emociones, es esencial entender el papel que juega la dopamina y cómo afecta a tu felicidad. ¿Eres adicto al teléfono móvil? ¿Vives pegado a la televisión? O quizás pasas demasiado tiempo jugando a videojuegos. La mayoría de nosotros somos adictos a algo. Para muchas personas, la adicción resulta obvia, pero para otras, es más sutil. Por ejemplo, puede que seas adicto a pensar las cosas en exceso. Para controlar mejor tus emociones, es importante conocer tus adicciones, ya que pueden robarte tu felicidad.

El mito de "algún día lo haré"

¿Eres de los que piensan que algún día lograrán sus sueños y por fin serán felices? Es poco probable que esto suceda. Puede que logres cumplir tu sueño (eso espero), pero probablemente no vivirás 'siempre feliz después de conseguirlo'. Esta es solo otra de las ilusiones que crea tu mente.

Tu mente se aclimata rápidamente a nuevas situaciones, lo que probablemente es el resultado de la evolución y de nuestra necesidad de adaptarnos continuamente para sobrevivir y reproducirnos. Esta también es la razón por la que tu nuevo coche o tu nueva casa solo te harán feliz por un tiempo. Una vez que se acaba la emoción inicial, seguirás adelante para buscar tu nuevo objetivo. Este fenómeno se conoce como 'adaptación hedónica'.

Cómo funciona la adaptación hedónica

Déjame compartir contigo un interesante estudio que probablemente cambiará tu forma de entender la felicidad. Este estudio, que fue llevado a cabo en personas que habían ganado la lotería y en personas parapléjicas, fue revelador para mí. Esta investigación, realizada en 1978, evaluó cómo afectaba a la felicidad el hecho de ganar la lotería o de convertirse en parapléjico.

El estudio mostró que, un año después de cualquiera de los dos sucesos, ambos grupos eran igual de felices que antes de experimentarlo. Has leído bien, igual de felices (o de infelices). Puedes descubrir más sobre el estudio viendo el video *Ted Talk* de Dan Gilbert titulado '*The Susprising Science of Happiness*' ('La Sorprendente Ciencia de la Felicidad').

Puede que pienses que serás feliz 'cuando lo consigas'. Sin embargo, tal y como nos muestra el estudio anterior sobre la felicidad, esto no es cierto. No importa lo que te ocurra. Una vez que te adaptes al nuevo suceso, volverás a tu estado predeterminado de felicidad. Así es como funciona tu mente.

¿Significa esto entonces que no puedes ser más feliz de lo que eres ahora? No. Lo que quiere decir es que, a largo plazo, los eventos externos que te pueden suceder tienen muy poco impacto sobre tu nivel de felicidad.

De hecho, según Sonja Lyubomirsky, autora de '*The How of Happiness*' ('El Cómo de la Felicidad'), el cincuenta por ciento de nuestra felicidad está determinada por la genética; el cuarenta por ciento por factores internos; y solo el diez por ciento por factores externos. Estos factores externos incluyen si estamos solteros o casados, si somos ricos o pobres, y factores de influencia social similares.

Esto sugiere que solo el diez por ciento de tu felicidad depende de factores externos, lo que seguramente es mucho menos de lo que pensabas. En conclusión: Tu felicidad depende de tu actitud hacia la vida, no de lo que te ocurre.

Por ahora, hemos visto cómo tus mecanismos de supervivencia afectan negativamente a tus emociones y te impiden experimentar más alegría y felicidad en tu vida. En la siguiente sección aprenderemos más sobre el ego.

Puede obtener más información en el siguiente enlace:

http://mybook.to/domina_tus_emociones

Otros Libros Del Autor

En español:

Domina Tus Emociones: Una Guía Práctica para Superar la Negatividad y Controlar Mejor tus Emociones

Domina Tu Motivación: Una Guía Práctica para Desbloquearte, Generar Impulso Positivo y Mantener la Motivación a Largo Plazo

Domina Tu Concentración: Una guía práctica para evitar las distracciones y centrarte en lo importante

Domina Tu Destino: Una guía práctica para reescribir tu historia y convertirte en la persona que quieres ser

En inglés:

Crush Your Limits: Break Free from Limitations and Achieve Your True Potential

Goal Setting: The Ultimate Guide to Achieving Life-Changing Goals

Habits That Stick: The Ultimate Guide to Building Habits That Stick Once and For All

Master Your Destiny: A Practical Guide to Rewrite Your Story and Become the Person You Want to Be

Master Your Emotions: A Practical Guide to Overcome Negativity and Better Manage Your Feelings

Master Your Focus: A Practical Guide to Stop Chasing the Next Thing and Focus on What Matters Until It's Done

Master Your Motivation: A Practical Guide to Unstick Yourself, Build Momentum and Sustain Long-Term Motivation

Master Your Success: Timeless Principles to Develop Inner Confidence and Create Authentic Success

Master Your Thinking: A Practical Guide to Align Yourself with Reality and Achieve Tangible Results in the Real World

Productivity Beast: An Unconventional Guide to Getting Things Done

The Greatness Manifesto: Overcome Your Fear and Go After What You Really Want

The One Goal: Master the Art of Goal Setting, Win Your Inner Battles, and Achieve Exceptional Results

The Passion Manifesto: Escape the Rat Race, Uncover Your Passion and Design a Career and Life You Love

The Thriving Introvert: Embrace the Gift of Introversion and Live the Life You Were Meant to Live

The Ultimate Goal Setting Planner: Become an Unstoppable Goal Achiever in 90 Days or Less

Upgrade Yourself: Simple Strategies to Transform Your Mindset, Improve Your Habits and Change Your Life

Success is Inevitable: 17 Laws to Unlock Your Hidden Potential, Skyrocket Your Confidence and Get What You Want From Life

Wake Up Call: How To Take Control Of Your Morning And Transform Your Life

LIBRO DE EJERCICIOS
PASO A PASO

Parte I. Dejar ir el razonamiento incorrecto

1. El coste del pensamiento incorrecto

A. El pensamiento inadecuado genera sufrimiento innecesario en tu vida

Escribe dos o tres ejemplos de suposiciones incorrectas que puedes estar realizando en este momento o que hayas hecho en el pasado.

B. El pensamiento inadecuado te lleva a malgastar el tiempo

Fíjate en todo lo que has hecho esta semana. ¿Todas estas tareas eran absolutamente esenciales? ¿Alguna de ellas era innecesaria?

Escribe tus respuestas a continuación:

C. El pensamiento inadecuado te lleva a sentirte mal contigo mismo

Escribe tres situaciones en las que tenías expectativas poco realistas y te sentiste desanimado o frustrado cuando no lograste tus objetivos.

Situación n.º 1:

Situación n.º 2:

Situación n.º 3:

A continuación, contesta las siguientes preguntas:

- ¿Sobre qué objetivo actual puede que tengas expectativas poco realistas?
- ¿Cómo podrías ajustar tus expectativas para que fueran más realistas?

D. El pensamiento inadecuado te lleva a sentirte sobrepasado

Rellena la siguiente tabla:

- En la primera columna, anota toda la información que has consumido en los últimos siete días (por ejemplo, libros, artículos o correos electrónicos que has leído, sitios web que has visitado, vídeos que has visto, etc.).
- En la segunda columna, escribe "U" para indicar la información útil o "R" si se trata de ruido.
- En la tercera columna, escribe las acciones concretas que tomarás respecto a la información que has identificado como ruido.

Información consumida en los últimos 7 días	Información útil (U) o ruido (R)	Acciones que tomaré

2. Por qué tu pensamiento actual es incorrecto

A. Las suposiciones incorrectas distorsionan tu pensamiento

Escribe tres suposiciones negativas que puedas estar haciendo actualmente en tu vida.

Suposición n.º 1:

Suposición n.º 2:

Suposición n.º 3:

Escribe una suposición limitante que puedas haber adquirido de cada una de estas fuentes:

Tus padres/familia:

Tus profesores:

Los medios de comunicación:

Tus amigos y compañeros de trabajo:

Tus propias experiencias:

Tu interpretación:

B. Cinco sesgos comunes que distorsionan tu pensamiento

Escribe qué papel juega cada sesgo en tu vida. Intenta dar al menos un ejemplo concreto para cada uno de estos sesgos:

El sesgo egoísta:

La falacia de las inversiones perdidas:

La falacia de la planificación:

El sesgo de la supervivencia:

El efecto Dunning-Kruger:

C. Cómo afecta tu ego a tu pensamiento

Escribe un ejemplo concreto de tu vida personal para cada una de las siguientes actividades:

Vivir en un estado de negación:

Qué podría hacer al respecto:

Rechazar pedir ayuda:

Qué podría hacer al respecto:

Evitar los fracasos:

Qué podría hacer al respecto:

Culpar a los demás o a las circunstancias externas:

Qué podría hacer al respecto:

D. Cómo tus emociones distorsionan tu pensamiento

Completa el siguiente ejercicio:

- Recuerda un momento en el que todo te parecía desalentador y oscuro, en el que no creías que podrías ser feliz de nuevo. Sé consciente de que tus emociones negativas acabaron desapareciendo con el tiempo.
- Piensa en tres desafíos actuales en tu vida uno por uno. ¿Cómo te hace sentir cada uno de ellos? Ahora, visualiza tres cosas por las que te sientes agradecido o entusiasmado. ¿Te sientes mejor?

- Piensa en una mala decisión que hayas tomado como consecuencia de emociones negativas (enfado, desesperanza, frustración, etc.) o positivas (alegría, euforia, entusiasmo, etc.).
- Durante un minuto completo, dedícate unas palabras de ánimo. Recuérdate que lo estás haciendo bien, que tienes buenas intenciones y que estás orgulloso de lo que has logrado. ¿Cómo te hace sentir esto?

Tres patrones de pensamiento negativos comunes que debes evitar

Patrón de pensamiento n.º 1—Generalización

Cuando te des cuenta de que estás generalizando, reformula la frase para que refleje de forma más precisa la realidad. Aquí te muestro algunos ejemplos:

Siempre llego tarde

—> Puede que llegue tarde más veces de las que me gustaría, pero también soy puntual en otras muchas ocasiones.

Siempre soy el único del que se ríen

—> Puede que la gente se ría de mí alguna vez, pero no soy el único y no ocurre todo el tiempo.

Nunca hago las cosas bien

—> De vez en cuando me equivoco, pero también hago las cosas bien muchas veces.

Patrón de pensamiento n.º 2—Pensamiento de todo o nada

Revisa cada área de tu vida y fíjate en cómo podrías estar sucumbiendo en el pensamiento de todo o nada en cada una de ellas. Intenta pensar en ejemplos concretos:

Profesión:

Situación económica:

Salud:

Crecimiento personal:

Relaciones personales:

Espiritualidad:

Patrón de pensamiento n.º 3—Dramatización

Piensa en una ocasión en la que te preocupaste por algo que nunca llegó a ocurrir. Anótalo a continuación:

Una cosa por la que me preocupé, pero nunca sucedió:

Parte II. Alinearte con la realidad

1. Aceptar la realidad tal y como es

Debería vs. Podría

Completa los siguientes ejercicios:

Escribe al menos tres afirmaciones con "debería" que utilices a menudo.

Afirmación con "debería" n.º 1:

_____

Afirmación con "debería" n.º 2:

_____

Afirmación con "debería" n.º 3:

_____

Sustituye el "debería" por "podría" en cada una de las afirmaciones:

Afirmación con "podría" n.º 1:

_____

Afirmación con "podría" n.º 2:

_____

Afirmación con "podría" n.º 3:

_____

Fíjate en cómo te hace sentir esto y en cómo cambia tu proceso de pensamiento.

2. Sacar a la luz tus suposiciones

A. Identificar tus suposiciones

Selecciona un objetivo importante para ti y haz una lista de todas las suposiciones que puedes estar haciendo sobre él. Ten en cuenta que seguiremos utilizando este objetivo en los próximos ejercicios.

Tu objetivo:

Tus suposiciones:

-

-

-

-

-

-

-

-

-

-

-

-

-

-

-

-

-

Para ayudarte a identificar tus suposiciones, revisa estas preguntas:

- ¿Cuáles son tus suposiciones sobre las mejores maneras de lograr este objetivo?
- ¿Qué estrategias asumes que funcionarán y por qué?
- ¿Piensas que será fácil o difícil de conseguir? ¿Por qué?
- ¿Cuánto crees que te costará alcanzar este objetivo y por qué?

B. Evaluar tus suposiciones

- Repasa la lista de suposiciones que has escrito en tu guía de acción.
- Junto a cada una de ellas, escribe lo correcta que crees que es en una escala del 1 al 10 (siendo 1 completamente incorrecta y 10, cien por ciento correcta).

3. Perfeccionar tu modelo de realidad

A. Revisar tus suposiciones

¿Qué sabes a ciencia cierta acerca de tu objetivo? Anota las suposiciones que crees que son correctas respecto a tu objetivo.

¿Cómo puedes estar tan seguro de ello? Escribe las razones por las que crees que estás en lo cierto.

B. Agudizar tu pensamiento planteándote preguntas

Dedica un tiempo a contestar las siguientes preguntas para agudizar tu pensamiento:

1) ¿Creo que lograré mi objetivo?

2) ¿He alcanzado objetivos similares anteriormente?

3) ¿Qué me hace pensar que lograré este objetivo? ¿Qué evidencias concretas o resultados tangibles respaldan este pensamiento?

4) ¿La gente de mi entorno cree que lograré mi objetivo?

5) ¿Dispongo de la energía y/o el tiempo necesarios para lograr este objetivo en este plazo de tiempo?

6) ¿Cuántas personas han logrado este objetivo anteriormente? ¿Cuántas están intentando conseguirlo ahora?

7) ¿Quién ha logrado este objetivo antes?

8) ¿Por qué es importante este objetivo para mí?

9) Si sigo haciendo lo que estoy haciendo día a día, ¿lograré mis objetivos? Si no es así, ¿qué debo cambiar exactamente?

10) ¿Cuáles son las mejores estrategias/aproximaciones a seguir?

11) ¿Qué me recomienda hacer mi intuición?

C. Entrevistar a personas con experiencia

Completa al menos uno de los siguientes ejercicios (y preferiblemente, ambos):

- Pregunta las cuestiones anteriores a una persona o varias personas relevantes y escribe las respuestas en tu guía de acción.
- Mira entrevistas y/o lee biografías e intenta responder las

preguntas anteriores basándote en la información que has reunido.

1) ¿Cómo funciona?

2) ¿Cuáles son tus suposiciones más importantes? ¿Y cómo sabes que son correctas o efectivas?

3) ¿Qué cosas puede que desconozca y necesito saber?

4) ¿Qué harías si estuvieras en mi lugar?

5) ¿Cómo has llegado hasta donde estás ahora?

6) Si tuvieras que empezar de nuevo desde el principio, ¿qué cambiarías para generar éxito con más rapidez?

7) Si tuvieras que elegir una sola actividad en la que centrarte, ¿cuál te ofrecería los mejores resultados?

D. Realizar tu propia investigación

1) Cómo encontrar información de alta calidad

¿Cuál es la información de mayor calidad disponible y dónde puedes encontrarla? Escribe tu respuesta:

2) Cómo encontrar la información apropiada para *ti*

a. Asegúrate de que tienes un objetivo claramente definido

Contesta las siguientes preguntas:

¿Cuál es mi objetivo exactamente? ¿Qué espero crear mediante esta información?

Si pudiera obtener la información ideal que me garantizara lograr mi objetivo, ¿cómo sería esta información? ¿Cómo estaría estructurada?

b. Comprende cómo se aplica la información a tu caso en concreto

¿La estrategia, programa o consejo se aplica en mi caso concreto?

¿Deseo poner en práctica esta información? Si no es así, ¿por qué no? ¿Qué cambios necesito hacer?

c. Cerciórate de que la información está actualizada

Para asegurarte de que la información está actualizada, puedes plantearte algunas de las siguientes preguntas utilizando tu guía de acción:

¿Esta información sigue siendo relevante hoy?

¿Cómo puedo asegurarme de que realmente sigue siendo importante?

Si desconozco la respuesta a estas preguntas, ¿conozco a alguien que pudiera responderlas?

E. Tener curiosidad

Mantén tu curiosidad realizando las siguientes actividades:

- Mantente actualizado revisando nuevas publicaciones de forma regular.
- Identifica a los expertos en tu área y sigue sus acciones.
- Cuestiona tus suposiciones periódicamente y revisa tu estrategia cuando sea necesario.
- Piensa en cómo puedes aplicar ideas o estrategias de áreas que no están relacionadas con tu objetivo.
- Fíjate en las tendencias y practica a predecir que podría pasar en los próximos años.

F. Escuchar tus emociones

Contesta las siguientes preguntas:

¿Qué tan motivado te sientes por tu objetivo?

¿Qué podrías hacer para mejorar tu motivación? ¿Podrías replantear tu objetivo, encontrar otras razones que te motiven más o cambiarlo por completo?

4. Evitar errores de concepto y falsas ilusiones

En una escala del 1 al 10 (siendo 1 irrelevante y 10, muy importante), evalúa cómo se aplica cada uno de estos cuatro errores a tu situación concreta.

Error n.º 1—Me merezco tener éxito

0 _____ 10

Error n.º 2—Estoy haciendo un buen trabajo, por lo que debería tener éxito

0 _____ 10

Error n.º 3—Estoy tan solo a un paso de...

0 _____ 10

Error n.º 4—Ya soy lo suficientemente bueno y no necesito mejorar

0 _____ 10

5. Cómo diseñar un proceso efectivo

Escribe todas las cosas que podrías hacer para lograr tu objetivo. No te censures ni te pongas límites. Simplemente incluye todo lo que se te ocurra. Intenta escribir al menos entre diez y veinte acciones.

Cosas que podrías hacer para lograr tu objetivo:

-

-

-

-

-

-

-

-

-

-

-

-

-

-

-

-

-

-

A. Reducir tus opciones

Completa los siguientes ejercicios:

- Revisa las ideas que apuntaste en el ejercicio anterior.
- Piensa en al menos tres posibles estrategias combinando algunas de tus ideas de una manera coherente.
- Para cada estrategia, dedica un momento a pensar en todas las cosas que te sugiere que *no* deberías hacer.

Estrategia n.º 1:

Estrategia n.º 2:

Estrategia n.º 3:

B. Implementar un proceso efectivo

Completa el siguiente ejercicio:

Repasa las estrategias que ya habías identificado previamente y selecciona aquella que crees que es mejor.

Escribe el proceso que piensas que debes implementar para que esta estrategia funcione (es decir, qué debes hacer cada día o regularmente para maximizar tus probabilidades de éxito).

C. Cultivar el pensamiento a largo plazo

Completa la siguiente oración con todas aquellas posibles respuestas que se te ocurran:

Si se me diera mejor pensar en el largo plazo, haría…:

-

-

-

-

-

-

Cómo pasar del pensamiento a corto plazo al pensamiento a largo plazo

a. Crear una visión a largo plazo

Piensa en uno de tus objetivos principales. A continuación, responde las siguientes preguntas:

¿Cuál es tu visión última tras tu objetivo?

¿Cómo puedes concretar este objetivo aún más?

¿Por qué este objetivo es tan importante para ti?

¿Qué beneficios económicos, físicos, mentales y/o emocionales obtendrás cuando lo alcances?

b. Pensar en tus objetivos a largo plazo con frecuencia

- Escribe tu visión en una pizarra y colócala en algún sitio en la que la veas con frecuencia,
- Escribe tu objetivo a largo plazo en un papel y sitúalo en tu escritorio o en otro lugar en el que lo veas a diario y/o
- Lee tu objetivo a largo plazo cada día/semana.

c. Dedicar tiempo a centrarte en la visión global

Reserva un tiempo cada semana para centrarte en tu visión global. Para ayudarte, puedes revisar esta lista de preguntas:

- ¿De qué cosas estoy satisfecho?
- ¿Qué me gustaría o necesito mejorar?
- ¿Qué puedo cambiar para acelerar mi progreso?
- Si empezara de nuevo esta semana, ¿qué haría de forma diferente?
- Si sigo haciendo lo que he hecho esta semana, ¿conseguiré mi objetivo a largo plazo? Si no es así, ¿qué cambios debo hacer?
- ¿Mi estrategia actual es la mejor posible? Si no es así, ¿cómo puedo perfeccionarla para que sea aún mejor?

- ¿Qué tareas me generan la mayoría de mis resultados? ¿Puedo centrarme más en estas cosas?
- ¿Qué acciones han demostrado no ser efectivas hasta el momento? ¿Puedo eliminar algunas de ellas?
- Si solo tuviera que trabajar en una cosa durante esta semana, este mes o este año, ¿cuál me haría progresar más en términos generales?

d. Aprender a disfrutar del proceso

Completa la siguiente oración.

Para mí, centrarme más en el proceso significaría...:

e. Librarte del miedo a perderte algo

Completa los siguientes ejercicios:

Escribe el área o áreas de tu vida en la(s) que experimentas miedo a perderte algo.

-

-

-

-

Selecciona un área u objetivo en particular y anota todas las oportunidades que realmente existen. ¿Cuáles son tus opciones? ¿Qué podrías hacer sobre ello?

Tu área/objetivo:

Opciones/cosas que podrías hacer:

-

-

-

-

-

-

-

-

-

Dedica un tiempo a apreciar todas las oportunidades que están disponibles para ti.

f. Recordarte ser paciente

Recuérdate regularmente que tienes tiempo. Para ello, puedes:

Crear tus propios mantras tales como "la vida es un maratón, no un sprint" o simplemente "tengo tiempo" o "sé paciente". A continuación, piensa en ellos con frecuencia, escríbelos y/o colócalos en tu escritorio o en tu pared.

Ver algunos de los vídeos de Gary Vee sobre la importancia de ser paciente: Busca en YouTube:

- Gary Vee "*Overnight Success*" (*Éxito de la noche a la mañana*)
- Gary Vee "*People have forgotten the art of patience*" (*La gente ha olvidado el arte de la paciencia*)

Visualiza todo lo que ya has realizado en los últimos meses/años y recuerda cuánto tiempo tienes disponible.

Método en 7 pasos para abordar cualquier nueva tarea

Para asegurarte de que eres lo más productivo posible, te animo a seguir el proceso en 7 pasos descrito a continuación antes de empezar cualquier tarea relevante.

Paso 1. Dar prioridad a tu tarea

Antes de empezar a trabajar en una tarea, pregúntate lo siguiente:

- Si solo pudiera hacer una cosa hoy, ¿qué tarea tendría más impacto?
- ¿Esta tarea me acerca a mi objetivo principal?
- ¿Realmente necesito hacer esta tarea ahora mismo o debería hacerla más adelante?

Debes procurar entrenarte para pensar en términos de prioridades y teniendo en mente tu visión global.

Paso 2. Evaluar la validez de tu tarea

Para asegurarte de que es realmente necesario que realices una tarea, plantéate las siguientes preguntas:

- *¿Realmente* necesito hacer esta tarea?
- ¿Es el mejor momento para llevarla a cabo? ¿Qué pasaría si la retrasara una semana? ¿O un mes? ¿O para siempre?
- ¿Trabajo en esta tarea porque es necesaria o porque me hace sentir bien? En pocas palabras, ¿estoy dedicándome a esta tarea para escapar de lo que *realmente* debería estar haciendo?

No existe nada menos productivo que hacer algo que no necesitas. Contestar estas preguntas puede ayudarte a no cometer este error.

Paso 3. Tener claro qué hay que hacer

Antes de empezar a trabajar en una tarea, debes saber exactamente qué es lo que buscas con ella. Por ello, antes de empezar, pregúntate lo siguiente:

- ¿Qué es lo que necesito completar?
- ¿Qué estoy intentando lograr con esta tarea?
- ¿Cómo es el producto final?

Procura ser específico. Si sabes cómo debe ser el resultado, serás capaz de optimizar tu forma de abordar la tarea y de enfrentarte a ella con eficacia.

Paso 4. Determinar si eres la persona que debería estar haciendo esta tarea

Tienes fortalezas, pero también debilidades. Siempre que sea posible, intenta delegar cualquier tarea que otra persona pueda realizar mejor, más rápido o de forma más barata que tú.

Pregúntate lo siguiente:

- ¿Realmente vale la pena que dedique mi tiempo a esta tarea?
- ¿Otra persona podría hacer esto mejor que yo? Si es así, ¿puedo pedirle ayuda?
- ¿Qué pasaría si simplemente no completo esta tarea o si la pospongo?
- ¿Me gusta trabajar en esta tarea? ¿Me motiva?

Poco a poco, irás adoptando el hábito de delegar todo aquello que no es tu especialidad y de centrarte solo en las tareas de alto valor en las que destacas.

Paso 5. Descubrir la manera más efectiva de abordar esa tarea

El simple hecho de dedicar unos minutos a pensar en la mejor manera de abordar la tarea puede ahorrarte mucho tiempo. Plantéate las siguientes cuestiones:

- ¿Qué herramienta(s) puedo usar, a qué personas puedo preguntar o en qué método puedo confiar para completar esa tarea de la manera más eficaz y efectiva posible?
- ¿Qué habilidad(es) podría aprender o mejorar para ayudarme a completar esta tarea con rapidez en el futuro?

Paso 6. Agrupar tareas similares

Algunas tareas pueden combinarse con otras que requieren el mismo tipo de esfuerzo o de preparación. Por ejemplo, muchos *youtubers* dedican un día completo a la semana para grabar sus vídeos de YouTube, en vez de crear un vídeo cada día.

Pregúntate:

- ¿Puedo agrupar esta tarea con otras similares para mejorar mi productividad?

Paso 7. Automatizar/Sistematizar tu tarea

Por último, debes buscar la manera de automatizar o de sistematizar tu tarea, especialmente si esta es repetitiva. Pregúntate:

- ¿Puedo crear plantillas que pueda reutilizar cada vez que trabaje en esta tarea o en otras similares? Por ejemplo, podrías diseñar plantillas para determinados correos electrónicos, presentaciones o documentos que necesites de forma repetida.
- ¿Puedo crear una lista de verificación? Estas listas te indican los pasos concretos que debes seguir, reduciendo la probabilidad de que te distraigas.

Siguiendo estos siete pasos puedes mejorar tu productividad de forma significativa. Aunque te lleve tiempo internalizar este proceso, una vez que lo hagas, se convertirá en algo automático para ti.

Parte III. Empoderar tu modelo de realidad

I. Diseñar un entorno positivo

A. Cambiar tu grupo de amigos

Contesta las siguientes preguntas:

¿Con quién me gustaría pasar más tiempo?

¿Con quién me gustaría pasar menos tiempo?

¿Qué personas ya han logrado los objetivos que yo intento conseguir?

¿Dónde puedo encontrar a estas personas positivas y que me pueden apoyar?

1) Cómo protegerte de las personas negativas

Haz una lista de todas las personas que tienen un impacto negativo en tu vida:

-

-

-

-

-

-

Contesta la siguiente pregunta: ¿Qué tan probable es que logres tu objetivo si sigues saliendo con las mismas personas?

2) Rodéate de personas que te apoyen

a. Únete a grupos de gente con una mentalidad afín

¿A qué grupo(s) podrías unirte? ¿Con quién podrías contactar?

b. Organiza tu propio evento

¿Qué tipo de personas te gustaría atraer a tu vida y qué evento podrías organizar para lograrlo?

c. Busca un mentor / d. Contrata un *coach*

Si es necesario, empieza a buscar posibles mentores o un *coach*.

¿Qué podrías hacer para pasar más tiempo con las personas que apoyan tu objetivo?

B. Cambiar tu entorno físico

¿Qué podrías hacer para crear un entorno más positivo que te motivara a trabajar en tu objetivo?

¿Qué podrías hacer para optimizar tu entorno actual y hacer que fuera más fácil trabajar en tu objetivo?

C. Optimizar tu entorno digital

Optimiza tu entorno digital:

- Desactivando las notificaciones del teléfono móvil.
- Revisando tus correos el menor número de veces posible (si puedes, limita tu acceso al correo a una o dos veces al día).
- Apagando la conexión a Internet o evitando las redes sociales u otras páginas web que puedan distraerte (puedes instalar programas para eliminar las distracciones cuando sea necesario).
- Dándote de baja de boletines informativos.

2. Desarrollar una confianza inquebrantable

A. Entender qué son las creencias

Recuerda el proceso por el que se generan las creencias:

1. Imposible —> 2. Posible —> 3. Probable —> 4. Inevitable

B. Adoptar creencias positivas clave

Imprime la página con las cinco creencias de tu guía de acción y léelas con frecuencia. Piensa en ellas a menudo. Si identificas otras creencias positivas que te gustaría adoptar, añádelas al repertorio. Como recordatorio, las cinco creencias son:

1. Siempre puedo mejorar a largo plazo
2. Si otros pueden, yo puedo
3. Si puedo hacerlo una vez, puedo hacerlo de nuevo
4. Otros se rendirán, por lo tanto, yo tendré éxito
5. El éxito es inevitable

C. Dividir tus objetivos y desarrollar la constancia

Completa los siguientes ejercicios:

- Volviendo al objetivo con el que has estado trabajando, divídelo en objetivos anuales, mensuales, semanales y diarios.
- Durante los próximos treinta días, márcate tres tareas diarias y asegúrate de completarlas.

Tu objetivo: _____

Ahora, divídelo.

Objetivos anuales:

-

-

-

Objetivos mensuales:

-

-

-

Objetivos semanales:

-

-

-

Objetivos diarios:

-

-

-

D. Condicionar tu mente

1) Utilizar afirmaciones

Crea tus propias afirmaciones siguiendo estos consejos:

- **Enuncia tu afirmación en presente.**
- **Evita utilizar palabras negativas** e intenta enunciar tus afirmaciones en positivo. Por ejemplo, di "Soy valiente" en lugar de "Ya no tengo miedo".
- **Intenta cambiar tu estado fisiológico.** Involucra a tu cuerpo cuando digas las afirmaciones y prueba diferentes tonos de voz. Esto añadirá fuerza a tu afirmación.
- **Utiliza el poder de la visualización.** Imagínate a ti mismo en situaciones concretas relacionadas con tu afirmación e intenta sentirte como si ya hubieras conseguido lo que deseas. Implicar tus emociones hará que tu afirmación sea mucho más poderosa.

Escribe aquí tus afirmaciones:

-

-

-

2) Cambiar tu discurso interno

Escribe unas pocas frases que puedes utilizar como discurso positivo interno para superar algunas de las creencias limitantes que mantienes respecto a tu objetivo.

Creencia limitante n.º 1:

Discurso positivo interno:

Creencia limitante n.º 2:

Discurso positivo interno:

Creencia limitante n.º 3:

Discurso positivo interno:

3) Practicar la visualización

Dedica unos pocos minutos cada mañana a visualizarte avanzando hacia tu objetivo y cumpliéndolo. Adicionalmente, piensa en tus objetivos durante el día.

E. Cultivar la autocompasión

Completa los siguientes ejercicios:

- Sigue un desafío de autocompasión de 7 días.
- Cada vez que notes que estás culpándote, cambia tu discurso interno. Di que lo estás haciendo bien. Date ánimos. Trátate con amabilidad.

3. Expandir tu abanico de posibilidades

A. Generar suerte

1) Rechaza creer en la suerte

Si no existiera la suerte, ¿qué harías para mejorar las probabilidades de alcanzar tu objetivo? Escribe todo lo que se te ocurra:

-

-

-

-

-

-

-

2) Piensa repetidamente en lo que quieres

Dedica algunos minutos a centrarte en lo que deseas cada día. Te recomiendo centrarte en tu objetivo dos veces al día (a primera hora de la mañana y antes de irte a dormir).

3) Comunica tus deseos al mundo

¿Qué podrías hacer para comunicar tus objetivos a las personas que tienen el potencial de ayudarte?

4) Realiza acciones coherentes y acordes a una estrategia claramente definida

Asegúrate de que realizas acciones coherentes que te hagan avanzar hacia tu objetivo. Estas acciones deberían ser las que has identificado en la sección 5. *Cómo crear un proceso efectivo, B. Implementar un proceso efectivo.*

5) Aprende todo lo que puedas de la retroalimentación que recibes de la realidad

Aprende de todas las dificultades a las que te enfrentes. Pregúntate: ¿qué tiene de bueno? ¿Qué puedo aprender de esta situación?

B. Plantearte preguntas positivas

Escribe la respuesta a las siguientes preguntas:

¿Cómo puedo lograr mi objetivo? ¿Qué puedo hacer para ayudarme a conseguirlo?

¿Y si pudiera lograr mi objetivo? ¿Y si fuera posible?

C. Realizar acciones consistentes

1) Los beneficios de pasar a la acción

Contesta las siguientes preguntas:

¿Qué tan bien está funcionando mi estrategia actual?

¿Realmente estoy realizando las acciones necesarias para alcanzar mi objetivo?

¿Qué implicaría para mí actuar de forma masiva?

2) Enfocarse en lo que funciona

Responde las siguientes cuestiones:

¿Qué me está proporcionando los mejores resultados?

¿Qué podría hacer para aumentar aún más este éxito?

D. Aprovechar el poder de la gratitud

Practica uno de los siguientes ejercicios durante al menos catorce días:

- Escribe cosas por las que te sientes agradecido.
- Agradece a las personas que han pasado por tu vida.
- Céntrate en un objeto y valora su existencia.
- Escucha canciones de gratitud / meditación guiada.

5 Creencias Positivas Clave

1. Siempre puedo mejorar a largo plazo
2. Si otros pueden, yo puedo
3. Si puedo hacerlo una vez, puedo repetirlo
4. Otros se rendirán, por lo que yo tendré éxito
5. El éxito es inevitable

Made in the USA
Middletown, DE
10 September 2024

60668080R00129